累死你的不是工作
★★★★★★★★★★★
而是你的职业心态

做有责任感使命感归属感的员工

张 钦　李卫刚　周瑞昌 ◎ 编著

提升责任感　强化使命感　收获归属感

激活潜藏内心的责任感、使命感和归属感，将工作中的抱怨、情绪、懈怠等阴霾一扫而光。

培育职场思维：以责任绘就事业蓝图，用使命践行未来人生，让归属把控幸福明天。

人民日报出版社

图书在版编目（CIP）数据

做有责任感、使命感、归属感的员工／张钦，李卫刚，周瑞昌编著. -- 北京：人民日报出版社，2017.12
ISBN 978-7-5115-5095-8

Ⅰ.①做… Ⅱ.①张…②李…③周… Ⅲ.①企业－职工－修养－研究 Ⅳ.①F272.92

中国版本图书馆CIP数据核字（2017）第281619号

书　　名：	做有责任感　使命感　归属感的员工
作　　者：	张　钦　李卫刚　周瑞昌
出 版 人：	董　伟
责任编辑：	刘天一
封面设计：	陈国风
出版发行：	人民日报出版社
地　　址：	北京金台西路2号
邮政编码：	100733
发行热线：	（010）65369527　65369846　65369509　65369510
邮购热线：	（010）65369530　65363527
编辑热线：	（010）65369844
网　　址：	www.peopledailypress.com
经　　销：	新华书店
印　　刷：	北京柯蓝博泰印务有限公司
开　　本：	710mm×1000mm　1/16
字　　数：	173千字
印　　张：	13.75
印　　次：	2018年1月第1版　2018年1月第1次印刷
书　　号：	ISBN 978-7-5115-5095-8
定　　价：	39.80元

前言 >>> Preface

每一名身在职场的企业员工，都想拥有成功的职业未来——想在企业中充满幸福感，想让自己成为企业的"顶梁柱"。而要做到这些，依靠的并非天时地利，而是自己。

无数的事实证明，想要在职场中跻身金字塔顶，就必须成为一名有责任感、使命感、归属感的员工。这样才能让自己在职场中立于不败之地，才能让自己成为企业、领导眼中优秀的、不可替代的员工，才能让自己的职业生涯更加光辉、璀璨。

责任感是任何一个职场人最基本的工作准则。只有拥有强烈的责任感，才能在工作中做到精益求精，才能激发自己的潜能，永不止步。可以说，责任感是一个人努力工作并把工作做到极致的重要内驱力，失去了责任感，任何人都会变得懈怠、懒惰，而在职场中一旦停滞不前就等于退步，最终只能远望他人获得成功。

与责任感相比，使命感可以催生更多工作中所需的重要品质。一个职场人只有心怀使命感，把企业赋予自己的岗位工作当作自己的事业去做，才能保持勤奋、忠诚、专注等重要的品质。当我们把完成工作当成使命去对待，往往也就能在工作中做出更好的成绩，甚至创造某些"奇迹"。

做有**责任感** **使命感** **归属感**的员工

归属感是让工作"酿"出人情味的重要"原料",是让一个职场人真正能把企业当成第二个家的重要基础。现在很多人抱怨工作中的"世态炎凉",抱怨自己不过是企业的"工具",就是因为缺乏归属感。我们只有找到了在企业中的归属感,才能够真正热爱自己的企业、岗位和同事,才能够让自己在一个充满人情味的环境中以更愉悦的心情去更好地完成自己的工作。

要想真正走上职业生涯的康庄大道,去体味工作给人生带来的乐趣,成为职场中的佼佼者,就一定要让自己成为一名有责任感、使命感、归属感的员工。这本书的最终目的是为了帮助每一个尚在职场中徘徊与挣扎的人获得责任感、使命感、归属感,从而迎来职业生涯的光明前景。

目录 CONTENTS

第一章 责任至上,高度的责任感是成功的基石

> 没有任何一个企业、任何一个岗位需要一名没有责任感的员工。责任感是员工在职场中安身立命的基础,只有拥有高度责任感的员工,才能最终脱颖而出,在职场中收获成功的果实。

1. 责任感唤醒全力以赴的你 / 002
2. 像做自己的事业一样去工作 / 004
3. 用责任感塑造"老板心态" / 007
4. 尽职尽责是成功者的秘诀 / 011
5. 责任心是"1",能力只是后面的"0" / 015
6. 糊弄工作就是糊弄自己 / 019
7. 有责任感才可能不被取代 / 023
8. 坚守责任,守来机遇 / 028
9. 多一分担当就能多走一步路 / 032

第二章 让责任成为一种习惯

> 责任不论大小,让承担责任成为一种习惯,才有可能成为具有高度责任感的员工。绝不推卸任何在工作中该承担的责任,在自己能力允许的范围内把无人问津的工作承担下来,这既是负责任的工作态度,也是迈向成功的重要一步。

1. 1%的不负责≈100%的失败 / 036
2. 永远不在责任面前找借口 / 039
3. 让问题到你为止 / 042
4. 工作无小事，保持最强的责任心 / 045
5. 不逃避责任，让自己在错误中成长 / 050
6. 责任到位，工作才能做到位 / 053
7. 逃避责任是最大的风险 / 056
8. 自动、自发，不做"按钮"式员工 / 061

第三章　使命在心，把工作当成自己最大的职责

> 对于一个企业的员工来说，什么才是最核心的使命？答案无疑是工作，把工作当作自己最重要的使命去完成，做到使命必达。当你最终走完这条崎岖的道路时，当你一次次完成自己的工作使命时，你也就一点点推开了通往成功的大门。

1. 工作是人生的重要使命 / 066
2. 用使命感打造出勇敢的心 / 069
3. 使命感是爱岗敬业的动力之源 / 072
4. 使命感让你远离惯性"跳槽" / 078
5. 心怀使命感，坚持到底很简单 / 080
6. 不只为薪水，也为使命去工作 / 084

第四章　满怀使命感去工作，把工作做到极致

> 当一个人充满使命感地工作，就能够在工作中拥有更强大的专注力，迸发更多潜力，最终把工作做到极致。如果你能够始终做到这一点，你就有可能成为"不可或缺的员工"，真正在职场中立于不败之地。

目录

1. 用使命感点燃激情的火种 / 090
2. 找到自己准确的工作使命 / 093
3. 端正态度,把工作当作"使命必达"的事情去做 / 097
4. 专注工作,心无旁骛 / 102
5. 做好每一件小事就是在完成使命 / 107
6. 把工作当作乐趣而非负担 / 112

第五章 将使命感根植于心,与企业共进退

> 如果要问企业最需要什么样的人,那无疑是能够跟企业风雨同舟的员工。只有将使命感根植于心,你才能够将岗位工作放在心中最重要的位置上,才能够为企业的进步自愿贡献最大的力量,才能够在企业最需要自己的时候挺身而出,最终成为企业的"骨干"。

1. 从"同步"价值观开始 / 118
2. 成为企业的"金名片" / 121
3. 助企业成长也就是助自己进步 / 125
4. 集体利益至上,你才能身披荣耀 / 130
5. 铭记使命,不忘初心 / 133

第六章 以企为家,找到归属感融入企业大家庭

> 在你的一生中,工作单位恐怕是除了家以外最常出入的地方,可以说企业是每一个职场人的另一个"家"。而要想真正融入这个"家",从心底把它当作"家",你就必须在企业中找到"家"一样的归属感。

1. 提升归属感,解除工作中的后顾之忧 / 138

2. 迅速融入企业文化 / 140

3. 在工作中培养"主人翁"心态 / 143

4. 与企业一同实现共同使命 / 147

5. 爱企如家，把同事当"家人" / 150

第七章　建立正确认知，让归属感骤增

> 如果你已经在职场中摸爬滚打了一段时间，却还在把企业、岗位仅仅当作一个工作场所，完全找不到归属感，那么不妨想想是不是自己的某些认识、看法出现了问题。当你把自己的认知调整到正确的方向上，你的归属感也就会成倍增加。

1. 远离"天才混蛋"思想 / 156

2. 别只做企业的"劳动力" / 160

3. 职场本就不公平，这并非企业的错 / 166

4. 规章制度是为了保护而非控制 / 170

5. 机会是自己创造的，而不是企业白给的 / 172

6. 认清职场规则，哪些底线不能碰 / 175

第八章　掌握沟通技巧，在交流中"心有所属"

> 只要是由人构成的圈子就离不开沟通，无论是身处社会这个大圈子，还是企业部门这个小圈子，都是如此。想要更快找到归属感，就不能够忽视沟通在其中起到的重要作用。如果你让自己成为了一名"沟通大师"，那么你就会发现自己很容易通过与他人的沟通而获得更多归属感。

1. 平等是沟通的首要前提 / 180

2. 真诚能够让你在沟通中事半功倍 / 183

3. 学会介绍自己，迈好沟通第一步 / 187
4. 聆听是一种美德 / 189
5. 三思而后言，心直口快最伤人 / 192
6. 少些埋怨，在沟通中多做正向鼓励 / 194
7. 学会换位思考，让沟通更有效 / 199
8. 掌握用肢体语言沟通的艺术 / 203

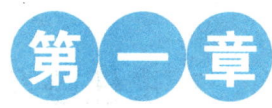

责任至上,高度的责任感是成功的基石

没有任何一个企业、任何一个岗位需要一名没有责任感的员工。责任感是员工在职场中安身立命的基础,只有拥有高度责任感的员工,才能最终脱颖而出,在职场中收获成功的果实。

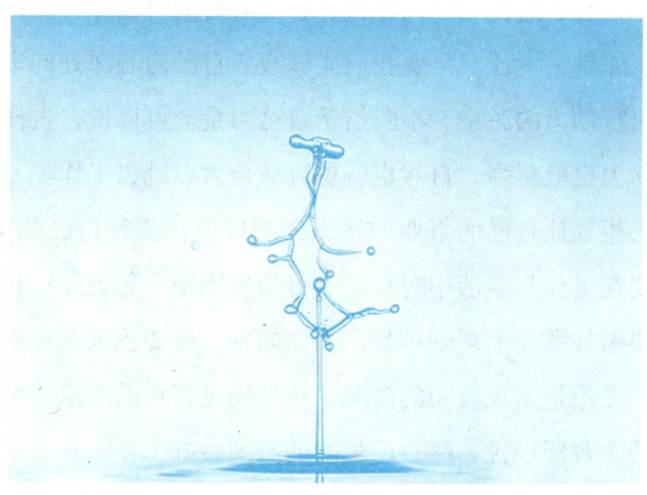

做有**责任感 使命感 归属感**的员工

1. 责任感唤醒全力以赴的你

哲学家罗素说:"不管做什么事情,都要全力以赴。成功没有任何秘诀,只要是把自己应该做的事情做好了就可以。"这样的道理所有人都知道,然而真正在工作中开启自己全力以赴的状态,却不仅仅是光给自己鼓劲就能实现的。

在最开始的职场生涯里,很多人就意识到了全力以赴并非说起来那样简单。很多人曾经在提升工作能力、提升判断力、甚至锻炼脑力上下过功夫,不过收效甚微。

实际上,有着这样一个内驱力,它能够帮助自己尽可能保持全力以赴的状态,那就是责任。只要我们能够唤醒自己内心深处的责任感,它就会成为执行动力的源泉,不断给予自己力量。可以说,责任感越强的人,工作动力也就越强,自然也就更容易全力以赴去工作。

一个人想要让自己的事业取得更大的成就,改善自己的生活状况,那么他就要在工作与生活中对自己的行为切实地负起责任。在日常工作中,不仅要做好那些上司安排自己去做的事,还要积极主动地多做一些分外之事。无论是实现公司的需要,还是满足客户的要求,都应当充分发挥自己的主观能动性,尽自己最大的努力做好工作。

任何人身上都有未被发掘的潜能。唯有责任,才能不断地将自身的潜力一点点地发掘出来,进而一步步地实现自己的职业理想和人生目标。

此外，对于已经在职场中获得了一定能力提升，拥有更强综合素质的职场人来说，如果能唤醒自己心中强烈的责任感，那么当面对工作上的"难关"时，自然也就能全力以赴地去解决，去把工作做好，从而让自己离成功更近一步。

我们只有拥有了强烈的责任感，才能明白"在其位，谋其事"是对每一名职场人最基本的要求。我们之所以被安排在某个职位上，就是因为企业、领导相信我们能做该岗位的工作，能解决工作中出现的问题。在工作的最初几年，如果我们不具备强烈的责任感，在工作中就很容易避重就轻，推脱责任，让自己迟迟不能获得进步。而当我们开始提升自己的责任心，把完成工作当成自己必须肩负的责任时，我们会发现那些曾经让我们感到恐惧和无力的工作，反而会激发我们的斗志，让我们全力以赴。

拥有了强烈的责任感，我们才能意识到周围人的重要性，以及对他人负责任的重要性。在工作中，个体承担对团队、企业、合作对象的责任是一种客观必然。有了这种责任意识，才能把个人奋斗的目标融会到团队、企业追求的共同目标和崇高理想中。当自己完全将理想与目标融入到集体中时，就会因为对他人、集体、企业的责任感而产生更大的工作动力，从而在这股动力的驱使下达到全力以赴的状态。

在工作中，责任心是一种约束，一种担当，更是一种动力。有责任心才能够实现自己在工作中的承诺；有责任心才能够正视工作中遇到的困难，勇往直前；有责任心才能依靠它带来的力量让自己在工作中充满干劲与动力，势不可挡。

2. 像做自己的事业一样去工作

当我们羡慕职场精英在工作中所取得的巨大荣誉时，是否想过，究竟是什么让他们取得令人瞩目的成就。是强大的工作能力，是与生俱来的天赋，还是幸运之神的眷顾？

拥有优秀能力或天赋的人才比比皆是，成就一番让人赞叹事业的却寥寥无几；天赋异禀的人并非没有，但能够依靠天赋为企业和自身创造巨大价值的屈指可数。幸运女神本就是可遇而不可求，再幸运的人也需要自己努力才能获得成功。其实在那些获得世人赞赏与肯定的职场精英身上普遍存在一个特性，这个特性就是他们真正成就伟业的关键，那就是把工作当作自己的事业，当作一生的追求。

比尔·盖茨曾说过："如果只把工作当作一件差事，或者只将目光停留在工作本身，那么即使是从事你最喜欢的工作，你依然无法持久地保持对工作的积极性和责任感。但如果把工作当作一项事业来看待，情况就会完全不同。"如果把工作当成一种谋生的手段，甚至看不起自己的工作，就会感到艰辛、枯燥、乏味，自然也就不可能对它做到100%负责，更无法把工作做到极致。而如果将工作当成自己的事业，我们就会迸发出无尽的激情与活力，自己的潜能也会得到最大程度的发挥。这是让自己有意愿而且有能力肩负起更多责任的前提，并让你能够从每一次小小的进步中收获不小的成就感。责任感越来越足，就会形成一种良

第一章　责任至上，高度的责任感是成功的基石

性循环，进而在工作中取得更大的突破。这时，工作就不再是一种苦闷，而是一种快乐。

方林十七岁那年初中毕业就去了郑州，在一家饭店里打工。这段时间，他不仅是吃没得吃、住没得住，还常常遭旁人白眼。想着多病的奶奶和体弱的父亲，再看看自己已经出来好长时间了，依旧是两手空空，他的心里像打翻了五味瓶。

一天早上起床，方林发现地上有一个皮包，翻开发现包里有一本厚厚的笔记本，净是酒店配菜的抄录。这肯定是哪位师傅落下的。按照上面的地址，方林跑了大半个省城，终于找到失主。不久，二人便成了好友，一同在掌握厨师技能的激情中并肩作战，有时为了一个凉菜的配方争得面红耳赤，有时也为某一个雕刻造型争论不休。无论是烈日炎炎的盛夏，还是滴水成冰的严冬，方林经常穿梭于省城大酒店之间，求师问学。然而，就是那难熬的三年时间，为方林的打工生活增添了新的色彩。

一个偶然的机会，方林慕名到了一家大酒店，献上了自己的拿手菜。酒店老总慧眼识珠，将他招于麾下。从此方林一干就是七八年。如今在酒店，不少客人都是奔他而来，还有的直接点名要方师傅的配菜。光徒弟他一年就带了十多个。

在一次采访中，方林深有感触地说，这些年来，他在工作中最大的收获，就是明白必须把工作当成事业来干，这样才能对自己的工作自己的岗位负起责任，才能有所作为。

思想决定高度。如果我们抱着只是迫于养家糊口才不得不工作这样

的想法，就无法产生足够的动力。工作能力难以提升，自然也就不可能成为精英级的人才。我们只有把工作当作事业来做，穷其一生去追求，在工作中肩负更重大的责任，不计得失、不畏困难，才能始终保持进取的动力，最终在职业生涯里大有作为。

把工作当成事业来对待，首先对工作要有激情，在工作中保持一种饱满的精神状态和积极的工作态度。工作没有激情，就好比身体没有灵魂，什么都做不好。现实中，常常有人抱怨自己的工作太简单，太平凡，太没有前途，终日愤愤不平，得过且过。殊不知"一屋不扫，何以扫天下"，一个人连最简单的事情都干不好，又如何能做出惊天动地的大事呢？我们必须明白的是，并没有所谓的"平凡"工作，而只有在岗位上甘于平凡的员工。

一个人有了激情，才会为了工作不畏艰险，不怕失败；才会勇于争先，敢于创新。同时，激情能促使我们不断学习、不断提高自己的能力。对该做的事，尽心做好；对有难度的事，设法做好；对没做过的事，也能创新做好。相反，缺乏激情，就会缺乏敢想敢闯的精神，缺乏自定目标任务、自加压力的积极性、主动性，缺乏工作方式方法的创造性，只会习惯于按部就班、安于现状甚至是偷懒耍滑推卸责任。所以说，激情是让一个人能够真正肩负起岗位责任的动力，如果没有激情，工作就难有起色。

把工作当成事业来对待，要求我们要以做学问的态度和精神工作。工作中有学问，实践中有真知。在相同或相似的岗位上，有人碌碌无为，有人却成绩斐然；有人停滞不前，有人却不断攀升。同一项工作由不同的人来做，可能事倍功半，也可能事半功倍，原因就在于对其中所包含学问的参悟程度不同。工作中的学问，简而言之，包括对形势的分析、对规律的把握、对创新的认识等。如果不学习、不钻研，做一天和尚撞一天钟，安于现状，把握不准自身所处的位置，抓不住事物发展的规律和矛盾，那么即便是有那份想要负责的心，恐怕也只能心有余而力不足。

把工作当成事业来对待，还要求我们以寻找乐趣和忠于职守的态度去工作。想要自觉对工作负责，首先要热爱工作，而热爱工作的前提之一就是找到工作的乐趣。只要有心，砖瓦工能从砂浆中看出诗意。视工作为乐趣，就能找到快乐的源泉，就会激发工作的热情和责任心，就会乐此不疲。

也许我们现在还只是生产岗位上普普通通的员工，离成为一名职场精英还有很长的路要走。但是无论何时都应该记住：打工的状态并不可怕，打工的心态才最可怕。只要把工作当作自己的事业来做，而不仅仅为了生存而工作，其实就已经走在了成为一名优秀职场人的正确"心路"上，以这样的心态去行动，去付出不懈的努力，每个人都会有成就伟业的机会。

3. 用责任感塑造"老板心态"

拿破仑说过："不想当将军的士兵不是好士兵。"在职场中，想要当"将军"仅仅靠想是不够的，还必须真正在工作中拥有"将军"的思维方式与行为态度。只有学会用老板的思维方式去工作，用老板的行事标准要求自己，才能够真正成为一名拥有高度责任心的优秀员工。

在最开始工作的一两年里,一部分人习惯跳槽,习惯一进公司就谈待遇,一天到晚都想着几点下班,什么时候放假,这样的"打工者思维"让其在工作中始终无法拥有高度责任心。如果一个人思维方式不对,那么学历再高、能力再强,也不可能成为一个负责任的好员工。因为一个人的思维会决定一个人的行为,一个人的想法会决定一个人的做法。

什么样的思维才能够让自己保持更高责任心与更好的工作态度,从而创造更优秀的业绩呢?最重要的一点就是看你是否能站在企业的角度,集体利益的角度思考问题,是否能够像你的"老板"一样去思考问题。如果自己能够站在老板的高度处处为企业着想,为团队着想,那么即使自己并没有出类拔萃的能力,也没有与生俱来的天赋,但是却会因为高度的责任心,把工作当成事业来做,最终获得上司的青睐。

阮柏荣是湖南邵阳人,2009年初,才大一的他就找到学校,主动承包了学校两处报刊亭。两处报刊亭除每个月给学校上缴1600元钱,每月下来还可以赚到2000多元。

几年过去,已经大四的阮柏荣面临就业。有丰富工作经验的他,很快就成了众多单位争抢的"香饽饽"。期间,一家位于广西的汽车制造公司引起了阮柏荣的注意。因为公司提供的就业空间大,薪酬高。只招一人的岗位有500多人投递简历,其中还有将近300人是研究生学历。在该公司经历了3次面试后,阮柏荣接到了第4次面试的通知。这次面试只有最后的两个人,另外一个是某重点大学的研究生。通知中,对方明确表示,面试者来往的车费由公司报销。

于是,阮柏荣在火车站买票,很自然地买了硬座票,而他的竞争者则买了较为舒服的软卧票。面试中，招聘方问他，既然火车票是公司报销的，为什么不坐软卧。阮柏荣说："我觉得，这样既是为我自己节省成本，也是为公司节省成本。"

面试结束后，公司告诉他："你这种主人翁的精神让我们很满意，我们愿意和你签约。"

阮柏荣表示，这种"老板思维方式"并不仅仅是像自己的老板一样去思考问题，而是通过在实际工作中的总结，能够把问题想到点子上，能够真正让自己的想法与老板的想法保持一致，这需要一个系统的过程。

把公司当作自己的，以公司的利益为第一考虑，这就是"老板思维"。那么如何完善自己的认知与思维方法，建立系统的"老板思维"呢？

（1）训练自己系统化的思维。

每个公司都有很多不同的部门，如果我们只把自己看成是一个打工者，那么可能就只会关注自己手头的工作，到点就下班，不会关心其他部门的事情。如果你想成为一个领导者，就一定要训练自己系统化的思维，要学会从宏观的角度，以系统化的方式去看问题：要非常清楚公司的战略目标是什么，自己部门如何和公司的战略目标联系起来，其他部门的主要目标以及和自己部门的关系是什么，而自己所做的工作又是如何影响自己及其他的部门，乃至整个公司的战略目标的。我们需要经常思考这些问题，来训练自己思维和看问题的角度。

（2）寻求解决问题的办法。

平庸的打工者不会主动去发现问题并改进，他们只是每天做着重复的工作，从未考虑如何改进工作或者流程。但是，一个领导者则会经常在工作中主动思考，他们把每一个问题都看成是进步的机会，他们会积极寻求解决问题的办法，不断改进和完善做事的方法。

（3）用热情感染和激发身边的人。

在工作中，领导者还有一个显著的特点，他们非常善于用自己的热情去感染别人。也许我们的职位并不高，我们没有权利去要求自己的同事或者上司做什么事情，但是我们却可以用热情去感染和影响他们。学会去赞扬自己身边的同事，和他们分享你对工作的热情，鼓励他们去改变、去创造。如果我们能让自己每天都充满热情和正能量，那么身边会不知不觉聚集很多朋友，他们都会特别喜欢和我们在一起，也会愿意帮助我们，甚至是听从我们的安排。

（4）主动创造机会和价值。

一个把自己看成"领导者"的员工，会经常主动思考如何去为公司创造更多价值，他会在自己的本职工作之外寻找各种机会。我们就是要成为这样的员工。一旦想到了一个可以为公司创造价值的机会，就去和自己的上司主动沟通，并争取资源去实现这一想法。这为公司创造价值的同时，也为自己创造新的成长机会和提升空间。这样的人最容易升职，而且一定会是各个公司想要拥有的难得的人才。

要成长、要成功就千万别计较，一时的得失并不算什么，最终能否成功更重要。为什么有人打工一辈子还是打工者，而有人打工几年当上了老板。其实，一个人能否当老板，主要在于一个人是否有老板的思维观念，从而造就成为老板的能力。

一个员工看的是一个月的得失，一个经理看的是一年的得失，一个老板看的是一生的得失。一个人能看多远，决定了能成就多少。越是计较眼前得失的人越不会成长、成功。

只要你在岗位上一天，就要以老板的思维方式把自己打造出老板一样的执行态度与执行力。

4. 尽职尽责是成功者的秘诀

如果说敬业是一名优秀职场人必备的素质，那么尽职尽责则是让你拥有这种素质的基础。在一个岗位上工作，你最起码应该做到的就是肩负起自身的岗位责任。如果失去责任感，那么一切所谓的成功都将无从谈起。

初入职场，几乎每个人都是从最底层、最平凡的岗位做起。正是这段时间的经历，让那些能够在岗位上兢兢业业、将高度责任意识贯彻到自己工作中的人涌现出来。这样的人哪怕在最微不足道的工作岗位上，也能够熠熠生辉，甚至让一些罕有人知的工作岗位因为自己变得"有名气"起来。而一些缺乏责任感的人，哪怕他们身居要职，最终也只会因为无法肩负起身上的责任而离开岗位。这样的例子比比皆是。

小顾和小莫同时来到一所高中实习，他们都非常渴望能正式被留下任职。所以，当学校缺任课老师时，他们欣然接受了代课任务。两个年轻人都很勤快上进，充满活力，半年下来，他们俩受到同事和学生的广泛喜爱。

因为当地招聘教师是"逢进必考",即无论谁想进入哪所学校都必须经过考试。考试有面试和笔试,择优录取,然后按成绩分配到需要教师的学校。所以两人既要上课,也要积极备考。临近期末,二人的考期也越来越近。

突然有一天,小顾请病假,学校安排小莫替他代课。没想到,大半月过去,小顾一直没有回来销假。小莫没有说什么,仍是一边备课上课,一边挤时间准备考试。

有位年长的老师悄悄问小莫:"你真的不知道小顾的情况吗?"小莫摇摇头。"那这次咱学校你们这一科只能招一个人你知道吗?"小莫点点头。那位老师拍着他的肩意味深长地说:"人家在家全力以赴备考呢。""我也在准备,"小莫认真地说,"可是我不能耽误学生的课呀,现在是期末,学校本来就缺老师,我不能再请假了。"老教师摇摇头,走了。

考试如期而至,很快成绩就公布出来。小顾第一,小莫以四分之差排第二。小莫有些不好意思地找到校长,说:"估计我不能如愿正式留在学校工作,还有一周就期末考试,是否还让我继续代课?"校长问他的决定是什么,小莫鼓足勇气说,如果学校同意,他愿意给学生上完这个学期的课。校长看着小莫,微笑地点了点头。

虽然很失落,很疲惫,但是小莫从未在同事和学生面前流露出消极的情绪,只是悄悄地把自己的物品带回家里。期末考试结束,小莫向同事告别,大家都对这个实在的年轻人有些不舍。

临走前,校长通知小莫去办公室,小莫已经为辞职打好了

第一章　责任至上，高度的责任感是成功的基石

腹稿。没想到，校长笑呵呵地问他是否愿意下学期继续任课。小莫张大了嘴巴，半天没缓过神来。校长又问他是否愿意留在学校教书。小莫忙不迭地点头，但他很快反应过来，很难为情地说："我成绩不是第一，咱学校就要一个人。"

校长摆摆手，语重心长地说："我们当然欢迎业务水平高的人，但是我们更需要有责任感的老师，再说你的业务水平也很优秀，继续努力！"

这次招聘成为暑期一大热点，尽管人们做了种种猜测，但是校长的选择得到了各位老师的认可和支持。据说，小顾很气愤地找过校长，而校长只是淡淡地说："我们的学生需要老师上课，我们学校需要上课的老师。你的选择是为了自己，而我们的选择是为了学校，为了孩子们。"

每个在职场中获得成功的人都能够找到责任的身影。一个人若是不能尽职尽责，那么他就只会为自己考虑，而忽略团队、企业和其他同事的利益，而这样的人是永远无法让自己的能力真正发挥价值的，因为他们不愿为除了自己以外的任何人出力。

当然，要想真正尽职尽责地完成工作，用责任守护岗位的荣光，除了要有坚守责任的态度，更要拥有尽职尽责的能力，在工作中实实在在把每件事情做好，这就需要从多个方面去提升自己。

（1）心有余，力更要足。

心中有责任意识，只能说明我们有对工作恪尽职守的觉悟，可以说走好了坚守责任的前半步；而让自己拥有负责任的能力，才能走好坚守责任的后半步。作为员工，我们尽职尽责的最好体现就是出色完成自己岗位上的工作。这就需要我们不断增强自己的核心岗位能力，积极学

习、更新岗位知识，孜孜不倦地锻炼岗位技能，时刻强化自己的责任意识。这样才能在岗位面前不仅仅有一颗责任心，更有全面、强大的综合能力，足以肩负这份工作。

（2）认清自身定位，岗位工作到位。

工作要到位，认清自己的定位，要时刻明白自己所在的岗位对自己的要求是什么。每个员工都有自己的岗位职责，首先应该做到的就是满足岗位职责对自己最基本的要求。每个人工作中需要处理的事情林林总总，但并不是每一件都能令自己、领导和服务对象满意，有的事情明明做过了，却没有取得预期的效果；有的工作自己努力了，却没有获得圆满的结局。这就需要自己事后进行反思，是否对岗位认识足够清楚。只有这样我们才能够真正将工作逐步做到位。从做不好到做到好，真正肩负起岗位赋予自己的责任。

（3）用心做事、追求卓越。

认真做事只是把事情做对，用心做事才能把事情做好、做到卓越。现如今是一个讲求团队合作的时代，很多工作都需要整个团队像精密的机器一样协调运作才能够达成目标。任何一个人对自己职责的疏忽都会给自己、给团队乃至整个企业带来许多麻烦。工作中没有小事，对待工作更不能把它做完就了事，而是要追求把工作做好、把责任负到位。这就要求你在工作中要用心做事，把每件工作争取做到卓越。

每一个工作岗位其实都是一份责任。岗位在，责任就在。责随职走，心随责走。一个人在工作岗位上能不能出成绩，决定因素并不在岗位本身，而在于身在岗位的人；能不能在自己的岗位上成为一名真正的优秀员工，其决定因素很大程度上在于能否尽职尽责完成工作，而不在于我们是否身居要职。只要对工作有一份极强的责任感，哪怕在平凡的岗位上，也能做出不平凡的成绩，总结出不平淡的经验。

第一章 责任至上,高度的责任感是成功的基石

5. 责任心是"1",能力只是后面的"0"

不少人可能都听过这样一句话:"人的生命健康是'1',而金钱、地位、荣誉只是'1'后面的一个个'0',倘若失去了这个'1',那么所有的'0'也将没有意义。"这个道理同样也诠释了责任的意义。在职场中,一颗责任心是一切成功的前提,就是那个"1"。而你各种引以为傲的能力不过是"1"后面的"0",失去了责任心一切都将没有意义。

在社会中,人们从事的职业不同,做事的能力也有大小,但无论做什么工作,都有从业的责任在身。能够把"责任"二字担在肩上,并始终履行好自己的责任,是最为重要的品格。事实上,"责任"就像歌德所说的那样,"是对自己要做的事情有一种大爱"。心怀大爱,就会随时想到自己肩负的责任。

很多人总是想要尽可能逃避责任,少做事多拿钱。然而,这是不可能的,无论什么样的能力,如果不能把它用在对工作负责上,就无法让能力转化成价值。其实,责任并不是一种负担,而是一种应当具有的信念。为人做事尽到责任,是一种深入骨髓的自觉行为。司马迁忍辱负重,铭记一个史学家应当忠于历史的责任,为后人留下"史家之绝唱,无韵之离骚"的《史记》;秋瑾铭志"粉身碎骨寻常事,但愿牺牲报国家",将保家卫国的责任牢记于心,换来革命的最终胜利;周恩来一生

紧握为党和人民的责任"鞠躬尽瘁,死而后已",被世人爱戴。他们之所以能够成为伟人,都是出于一种对历史、对国家、对人民负责的强烈责任感。每个职场人也都应当有这样的责任感,这是获得成功的前提。

1927年7月,林巧稚以优异的成绩从厦门女子师范学校毕业。父亲问她:"毕业后打算做些什么?"林巧稚说:"我要考协和医科大学。""协和医科大学?"父亲怔住了。当时,协和医科大学是医学界名望最高的学府,读8年才能毕业,每年的费用是450个银元。要负担这么昂贵的学费,对林巧稚的家庭来说是难以想象的。继母在一旁大声嚷起来:"你已经20多岁了,再上8年学,还嫁给谁呀?""那我就不嫁,一辈子也不嫁!"林巧稚坚决地说。没想到,一句斗气的话以后竟然成真。

同年8月,林巧稚到上海参加考试。考试中途,一个考生突然晕倒了,林巧稚毅然放下未完成的试卷去照顾她,因而没完成考试。回家后,她难过地说:"我可能考不上了。"父亲告诉她:"在人生的考场上,你很优秀,因为你懂得关心人,懂得爱人,懂得肩负他人所不敢肩负的责任。不论当医生还是从事其他行业,你都具备了条件。"父亲的话给了林巧稚很大的安慰。一个月后,林巧稚意外地收到了协和医科大学的录取通知书。原来,主考官被她勇于担当的精神以及卷面上所展现的才华所感动,破格录取了她。

毕业后,林巧稚留在了协和医院,成为协和第一位毕业留院的中国医生。

一个圣诞前夜,医院的外国大夫都去狂欢了。一位年轻的中国妇女突然大出血,命悬一线。当时,林巧稚还是一名助理

医生，无权做手术，更无手术
经验。她一个个地打电话求助，
得到的却是一声声抱歉。情急
之下，她又像多年前在上海的
考场上一样，把自己的前途和
命运抛在一边，将责任摆在了

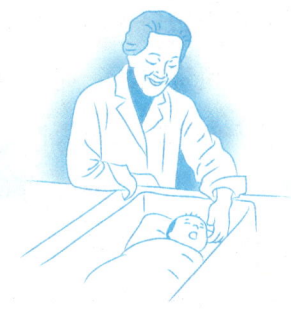

前面，毅然走向了手术台。由于协和纪律严明，如果手术失败，擅自做主的林巧稚将就此终止医生生涯。但人命关天，她没有迟疑，毅然做了手术，把同胞从死亡线上拉了回来。自此，林巧稚的名号在医院无人不知。

除了钻研医术外，林巧稚还提倡计划生育，酝酿筹建我国第一个妇产科医学的研究机构。她搜集了协和医院里妇科疾病的各种历史资料，苦心钻研畸形胎儿的有关资料，攻克了许多妇科疑难病症。她曾摘除过农村老大娘腹内几十斤重的大血瘤，找到了治疗绒毛膜上皮癌的方法，攻克了新生儿溶血症这种无法解决的世界性课题……她的许多科研成果填补了世界医学的空白。

责任第一，把自己的荣辱放在最后，林巧稚一生都没有改变这颗赤子之心。即使后来成为中国首屈一指的妇产科专家，林巧稚仍旧一如既往，也因此赢得患者及其家属发自内心的尊重。

一个人的能力只有摆在责任之后才能够拥有巨大的价值，如果连自己的责任都想着逃避，那么即便再有能力又如何发挥出来为企业、为自己创造价值呢？

我们要想做好本职工作，在工作中有所突破、有所建树，也需要拥有一颗高度负责的心，拥有强烈的责任感。责任意识，决定了干好工作的态度和做好工作的积极性。有没有责任意识，有没有把自己的岗位重视起来，做事的结果绝对是不一样的。只有树立正确的岗位责任意识，才能坚持原则，才能在大是大非面前做出正确的选择。只有拥有强烈的责任感，我们才能在困难面前永不言弃，把"责任"两字作为不折不扣完成任务的动力。当我们明白了这些，开始主动去承担工作中的责任，而不是选择逃避，很快就能发现自己的能力通过肩负责任，淋漓尽致地展现了出来。

　　此外，只要愿意承担起责任，并对其未能履行职责引起的后果负责，一个人的地位、能力和品格就会被同事、被领导、被整个职场认可。一个人的工作做得好坏，最关键的一点就是有没有责任感，是否认真履行了自己的责任。每个人都该清醒、明确地认识到自己肩负的责任，履行好自己的职责，发挥自己的能力，并承担起自己的责任，这样才能由消极被动转化为积极主动，工作也就会成为乐趣，自然能够取得成绩。

　　世上无难事，只怕有心人，我们只有怀着高度的责任心，我们想要的成功才有可能降临。在工作中并不存在做得到做不到之分，只有想做与不想做、能不能勇于承担责任之分。只有勇敢地担负起责任，认认真真地做好分内工作，完成企业、领导交付的各项任务，我们才能获得尊重和认可。

第一章 责任至上,高度的责任感是成功的基石

6. 糊弄工作就是糊弄自己

在职场中,要想最终成为一个勇于负责、自愿尽职尽责完成自己工作的职场人,还有另外一个因素,就是不"破罐破摔"——我们千万不要去糊弄自己的工作,因为那实际上只是在糊弄自己而已。

人的一生,一定要为自己树立正确的目标。工作是人生中每天都要去做的事情,工作态度是决定一个人能否经受起职场考验的重要因素。只有你对工作抱以负责任的态度,才能真正对自己的人生负责。糊弄工作就是糊弄自己的人生,浪费自己宝贵的年华。

任何一个企业、任何一个老板都不希望由于自己员工的失职而承担损失,因此职场中容不得半点不负责。有时一件不起眼的小事,却可能给企业带来巨大的损失,而作为责任人的我们也难逃相应的惩罚。作为一名职场人,我们自己应该做的事情一定要保质保量完成,糊弄差事就是在玩忽职守。当我们在糊弄工作的时候,其实也是在丢掉自己的诚信,丢掉作为一个职场人的人格和道德。

我们应该明白,"天上不会掉馅饼",即使侥幸占过那么一两次小便宜,长此以往必然害了自己。每个职场人都应扪心自问:是否对自己的工作状态很满意?如果不是,那么就应该考虑正在采取的消极态度会带来什么样的后果,这些后果是我们可以或愿意承受的吗?反复推敲这几个问题就不难发现,不利的后果比目前烦人的工作要可怕得多。

做有**责任感 使命感 归属感**的员工

李明是新来的统计员,负责所有事业部销售数据的汇总和统计。

事业部每日的报表很详细,包括销售人员、商品分类、客户类别、出单时间、成交价格、成交数量、折扣等。但李明发现,领导重点关注的是每日总销量和折扣,所以他只汇报总数,其余的时间看上去很忙,但其实都在上网。

李明对自己的小聪明还有些得意:哪有经理说的那么复杂啊,还得每一张表都检查错误数据,再汇总成数据库。随便糊弄一下,报个总数不就行了吗,哪有那么忙啊!

到了月底,经理交代李明:"要准备整月的报表,明天总表、各分类表、分析表都要出来,经营会上要用。"李明一下就慌了:原始数据有的是电子版,有的是打印版,还得录入;有的与财务账不一样,还得调整;再有数据分析,压根没有建立每日的详细数据库,怎么提取分类数据啊?

结果可想而知,李明没能完成任务,当月就被辞退了。

的确,糊弄工作、投机取巧也许能让你获得一时的好处;但是从长远来看,对你则是有百害无一利。

无论在什么地方,那些糊弄工作的人往往会成为裁员的"热门人选"。对于一个公司来说,拥有热爱公司的员工,公司的发展才能蒸蒸日上。如果公司内有太多的"糊弄员工"不被及时剔除的话,那么就像一个烂苹果会迅速使箱子里的其他苹果也腐烂掉一样,他们会使公司慢慢被腐蚀掉。

工作就像一面镜子,你怎样对待它,它就怎样对待你。每个职场人

第一章 责任至上，高度的责任感是成功的基石

每一天的工作其实也是在成就自己的职业生涯，也许一次的敷衍工作就可能让你一辈子的努力付之东流。唯独怀有一颗敬业之心，在工作中从不敷衍，才能最终得以享受成就的果实。

每一个企业、每一个部门，都有一部分人总是懒散、马虎、不负责任地对待自己的工作。除非苦口婆心、威逼利诱地让他们完成某件工作，否则他们只会应付一下领导，做做样子而已。更有甚者，在工作中以次充好，或是以权谋私、贪污腐败。每天走进办公室，很多人想的不是如何更好地完成工作，而是处心积虑地去糊弄工作，能少干一分，绝不多干一分。"给多少钱，就干多少事"是这类人的共同心态。他们自以为很聪明，马马虎虎应付完每一天的工作，常常暗自窃喜。这种缺少热情、不负责任的工作态度，轻则导致部门之间和员工之间的关系紧张，影响工作效率，重则会给企业造成不可挽回的损失。而这样的人在现如今的职场中好像成为了"大多数"，而能够认真对自己工作负责的员工则成为了"稀有品种"。

那么何不从今天起放弃敷衍工作的态度，将责任贯彻到工作之中，贯彻到心中，也去做"稀有品种"呢？这样既能够让自己成为领导眼中难得的好员工，又能在工作中发挥出更大的价值。

当我们在抱怨工作没有给我们对等的回报时，其实并非自己真的受了委屈，而是自己对工作缺乏敬业和负责的态度，缺少健全的"职业道德"。千万不要再找借口敷衍自己的工作，如果我们总是"应付"工作，那么工作也一定会同样对待我们。

职场中到处都是一些看起来很有希望成功的人，在很多人的眼里，他们能够成为并且应该成为各种非凡的人物。但是，他们最终并没有成功，原因何在呢？

其实，并不是因为他们没才华或是不聪明。世界上绝顶聪明的人很

少，绝对愚笨的人也不多，一般人都具有正常的能力与智慧。但是，为什么大多数人无法取得成功呢？

一个最重要的原因在于他们糊弄工作，不愿意付出与成功相对应的努力。他们希望到达辉煌的顶峰，却不愿意经历艰难的道路；他们渴望取得胜利，却不愿意做出牺牲。糊弄工作、投机取巧成了一种普遍的社会心态，而成功者的秘诀就在于他们能够摒弃这种心态。

有一次，杜安要在短时间内完成一个工作项目，而且由于指令太过模糊，标准不清晰，他之前所做的大部分工作需要重新返工。工作量加大，时间仓促，所以他决定申请借调一个人过来帮忙。这时，他想起了蔷薇姑娘。

杜安曾经听蔷薇的领导说，她是个学习能力和执行力都非常强的人，特别勤快能干，会画画还有一手好厨艺，是个难得的好姑娘。虽然没有机会共事，但杜安相信蔷薇那个追求完美又挑剔的领导能够作出这样的评价，蔷薇本人一定非常优秀。

蔷薇来找杜安报到，放下包就问他，她需要做什么。杜安把相关的资料递给她，让她先了解一下基本要求，就去忙自己手头的活儿了。过了一会儿，她走过来跟杜安说看完了，杜安很诧异地看着她，心想"我这迷迷糊糊弄了一天了，刚弄明白，你这么快就看明白要求了？"蔷薇把要求说了一遍，甚至先干什么后干什么都排列了出来。领了任务她就坐下来默默地忙去了，一句废话都没有。

这个姑娘从进门到坐下来进入工作，好像只是用了很短的时间，似乎没来得及跟她寒暄几句她就进入了工作状态。

杜安是个不太会照顾别人的人，又粗心，那天工作到六点多才想起来吃饭的问题。想到这么晚了，小姑娘还没吃饭，晚上还要拖着人家加班，就觉得特别不好意思。蔷薇好像看出来杜安的心思，说："你不用管了，我叫外卖吧。"杜安就这样被她反客为主地照顾了。

连续加班干了三天，姑娘没有一点抱怨，工作完成得漂漂亮亮，临走还手脚麻利地把办公室收拾了一遍，杜安心服口服，也知道了领导如此赞赏她的原因。

蔷薇之所以能够得到要求严格甚至有些苛刻的领导的赞赏，绝不仅仅是因为她的工作能力，更多的是因为她一丝不苟、不糊弄工作的态度。对于她来说，杜安临时将她借调过来做一件本不属于自己的工作，简直是"飞来横祸"。然而她依旧保持高度责任心，对任何工作都抱以负责的心态，这让她最终成为了领导口中的精英员工。

工作就像一面镜子，你糊弄它，它就会糊弄你。因此，在工作中，没有可以随意糊弄的事情，种下什么种子，将来必定收获什么样的果子。

7. 有责任感才可能不被取代

拥有高度责任感的员工是现代职场中的"稀缺人才"，这并不是危言耸听，而是实实在在的现状。当今职场最紧缺的是什么，不是能力，更不是资源。随着高等教育的不断深化，有能力的人比比皆是，随着信息化社会的健全，资源的获取也不再困难。当今职场最缺乏的恰恰是从古至今流传下来的那些"古老"品质，责任心正是其中之一。仔细看看那些在企业中无法被取代的精英就不难发现，他们身上都有着极强的责任感。而拥有责任感的员工之所以无法被取代，正是因为他们相对来说更加"稀少"。

在现代企业中，有无责任感几乎已经成为所有企业判断员工是否具备职业素养的先决条件。因为，有无责任感是判断员工的职业状态和工作中呈现出的品质的依据，是个人能力能否得到充分发挥的前提，只有具备了责任感，个人才能勇于迎接职场中的挑战。只有拥有责任感，才能热爱自己从事的事业。把成就事业作为一种责任，才能真正体会到工作的乐趣，也才能够自愿、自觉把工作做到更好并不断获得进步。只有这种因为责任心而最终成为"成长型"员工的人，才有可能成为企业的中流砥柱，成为职场中的精英。

牛根生说过，为什么有的人能力大，发挥的作用却很小？为什么有的人似乎无所不知，却又无所作为？为什么有的人盯着好房好车，却不能盯着责任义务？答案就是"缺乏责任感"。没有使命感的员工的缺陷，在于只想到利，想不到义；只想到"我"，想不到"我们"；只想到小，想不到大；只想到今天，想不到明天。

几年前，周刚被深圳的一家公司看中，待遇是原公司的三倍还要多。这样的美事，周刚当然无法拒绝。但是，他与原公司的合同还没有到期，于是他请深圳的那家公司等他三个月。虽然那时候离合同到期只有一个月的时间，但是周刚觉得应该给公司足够的时间去找接替他的人。

直到两个月之后，公司才找到一个不错的小伙子。这时，

第一章　责任至上，高度的责任感是成功的基石

周刚仍没有急着离开，因为小伙子是新手，他觉得自己有责任向他传授自己的"工作经验"。直到小伙子能够独当一面时，他才放心地去了深圳。

在深圳待了四个月，竞争的惨烈无法形容，权力的博弈将原来请周刚加盟的老总淘汰出局，周刚自然也只有"滚蛋"的下场。事情太突然了，他一点准备都没有。可是也没有办法，他只好收拾东西回家。

周刚原来公司的领导听说了这件事情，立刻打电话给他，请他回到原来的岗位上工作。

周刚说："可是，你们已经不缺人了，我回去了做什么呢？"

老总对他说："我们可以安排接替你的小李去其他职位，你还做原来的职位。你这样有责任心的员工，别人无法替代。"

无独有偶，这样的事情其实在很多职场人身上上演。

笑笑乘坐的汽车在途中行经一座桥时，暴涨的河流瞬时把桥冲毁，接着便是惊心动魄的逃生和营救。两个小时后，危机终于得以解除。这次突发事件也成为一条重大的新闻。

当所有乘客安然无恙地到达安全地后，多家媒体闻讯赶来采访。

笑笑当时还是一个小公司的推销员。就在记者争相采访时，她突然间想到了什么。于是，她做出了一个十分惊人的举动——从箱子里拿出一张大纸和笔，在纸上写下：我是××公司的推销员，我和我公司的××牌产品安然

无恙！非常感谢营救我们的人。

这一画面，被赶来的记者捕捉到了。新闻被播出去后，笑笑一下子成了明星。

而她的这一举动也让公司以及公司的产品家喻户晓，客户的订单一个接着一个。就在笑笑回公司后，老板和所有中层领导都在门口夹道欢迎她。

当时，就在所有乘客都到达安全地后，他们头脑中已被惊心动魄的画面填满，考虑更多的是自己的安危。而笑笑凭借着强烈的责任意识，始终没有忘记自己的企业和工作，才会想起那样一个简单而又有效的好办法。单凭这一点，她就能成为一名优秀的推销员。

只有负起责任、不逃避责任，你才能够像他们一样成为老板心中不可替代的员工。无论是经历诱惑的考验，还是突如其来的变故，只要把责任放在心中最重要的位置上，你就能够坚定信念，把工作做到最好，做到老板"心里去"。反观有些职场人，在工作中闯祸后，为了逃避责任，找出各种各样的理由去给自己开脱，这样做的结果无一不是造成更坏的影响，甚至有时让上司完全对其失去信心。而如果犯了错误能勇于担责，保持高度责任心，那么即便有时在工作中出现了失误，也往往能够得到理解与支持，并不断从错误中汲取更多宝贵的经验，不断提升自己。

有了责任心，你才会认真地思考，勤奋地工作，细致踏实，实事求是；才会按时、按质、按量完成任务，圆满解决问题；不论你是一名默默无闻的基层员工，还是大权在握的领导者，都应有责任心，凡事尽心尽力而为，以主人翁的身份和态度积极投身到事业中去，创造出非凡的价值，成为那个不可替代的人。

不过，带着责任心去工作说起来容易，要想持之以恒绝非易事。

首先，必须要把"职业"当成自己的事业。不把工作当回事的人是资源和财富的损耗者，而公司需要的是资源和财富的创造者。既然我们选择了在这里工作，就应该在这里踏踏实实干下去，把个人的命运与职业生涯结合起来，把自己的责任与企业的发展有机联系起来，实现个人与企业的"双赢"。

其次，要每天反思：自己的工作做好了吗？还称职吗？有了这样的反问，才能不断提醒自己责任的重要，约束自己的行为。你要争取每天比别人"多做一点"，每一天都要尽心尽力地工作，每一件小事情都要力争高效地完成；尝试着超越自己，努力做一些分外的事情，不断进步。只要在工作岗位上把自己的事做得比别人更好、更有质量、更有效率，叩开成功之门的日子就为期不远了。

此外，要想将责任贯穿于工作中，还需要不断学习进取。俗话说得好，"根深才能叶茂""水厚方能负大舟"。如果沉溺在对昔日以及现在表现的自满自足当中，各种能力的发展便会受到阻碍，这是对自己的不负责任。因此，要不断对工作投注新鲜力量，不断学习、充实自己，使自己不断地向"博学多才"这一目标靠拢，成为"学习型"的人，使自己的工作精准无误。

一个人无论能力大小，只要能够勇敢地担负起责任，认认真真地做好分内工作，完成领导交给的各项工作，他所做的工作就有价值。要对自己所从事的行业有责任感，要把"忠于职守"放在第一位。当你对你的事业负责时，事业也会同样负责任地给予你职业生涯的灿烂与光辉，而企业也会把你这样拥有高度责任心的员工放在重要的位置上优先培养。

8. 坚守责任，守来机遇

责任具有至高无上的价值，它是一种伟大的品格，在所有价值中它处于最高的位置。作为一名职场人，不论你从事什么工作，都要有坚守责任的信念，用高度的责任心对待工作，对待企业，只有这样，你才能成为一名合格的职场人。

责任是一种至高无上的职业品质，切实履行责任，尽职尽责地对待自己的工作，才能完美地展现自身的能力与价值。

在职场中，不少人对于责任都没有清醒的认识，也不知道坚守责任对他们的意义究竟是什么。他们一味认为坚守责任只是一种"费力不讨好"的行为，殊不知一个人如果想要成为职场中的佼佼者，是离不开对责任的坚守的，只有这样才能获得更多进步的机遇。

彼得·德鲁克曾说过："人生所有的履历都必须排在勇于负责的精神之后。"勇于负责的精神是改变一切的力量，它可以改变你平庸的生活状态，使你变得杰出和优秀；它可以帮你赢得别人的信任和尊重，从而强化你的人际关系；更重要的是，它可以使你频频获得机遇的眷顾，从而扭转自己的职业轨迹。如果你已经足够聪明和勤奋，但依然成绩平庸，那么请检视自己是否能够做到坚守岗位责任。

一个年轻人，1999年的时候看到太阳能热水器行业是个

第一章 责任至上，高度的责任感是成功的基石

朝阳产业，决定全力以赴投身这个行业的发展。他筹集了自己家里所有的资金，又贷款 20 万，成立了一个太阳能热水器公司，开始了他的事业。

那个时候正是太阳能热水器行业非常黄金的时期，市场异常火爆，所以他的生意非常红火。当年就完成了接近万台的生产和销售任务，实现 100 多万元的销售利润，这个数字在当年，是一笔巨大的财富。

可是，因为他在太阳能热水器行业的经验不够，技术也不过关，结果，有大批产品出现了质量问题。他面临着一个前所未有的考验：如果承担责任，把这些有问题的产品全部召回，他不仅不能够赚到 100 多万，而且要赔得血本无归；如果不去承担这个责任，而是选择逃避，他就可以赚到 100 多万，但从此良心难安。怎么办？

他最终的选择是"不管怎么样，我都要承担这个责任"，因为"我不能够让经销商去替我承担这个责任，我也不好意思让消费者花了买好东西的钱，却买了一个不合格的产品"。

虽然他当时损失惨重，可是他认为是值得的。这个值得，让他得到了经销商的认可，也让他得到了消费者的认可。他的产品因为他的行为，在市场上获得了良好的口碑，他获得了事业上的快速发展。

现在他已经是一家集团企业的老板了。10 年的时间，他的企业从一个贷款 20 万的小企业，快速发展成为一个年销售额接近 15 个亿的大型民营集团企业。让他获得这些成就的，除了坚持、眼光、投入外，更重要的，就是"责任"。

他，就是太阳雨集团的董事长徐新建。

如果不是对责任的坚守，徐新建可能无法获得如此巨大的成就。即便你只是企业中普普通通的一员，只要能够坚守责任，坚持付出，也一定可以收获属于自己的硕果。

其实每一个人从诞生那天起，就生活在复杂的社会关系中，和他人、集体、社会之间存在着这样那样的责任关系，身上也有着这样那样的责任。因此，在工作中做出某种满足自己需要和愿望的个人决定并且付诸行动的时候，都应该考虑对个人、对同事、对公司、对社会甚至对整个人类所应当承担的责任。这种高度的责任感是每个职场人都应该具备的基本品德。

某公司要裁员，下岗名单公布了，有内勤部的小灿和小燕，规定她们一个月后离岗。那天，大伙对待她俩都小心翼翼地，更不敢多说一句话。因为她俩的眼圈都红红的，这事摊到谁头上都难以接受。

第二天上班，小灿心里憋气，情绪仍然很激动，什么也干不下去，一会儿找同事哭诉，一会儿找主任申冤，什么定盒饭、传送文件、收发信件这些她应该干的活，全扔在一边，别人只好替她干。而小燕呢，也哭了一个晚上，可是难过归难过，想到离走还有一个月呢，工作总不能不做，于是她默默地打开电脑，拉开键盘，继续打文稿、通知。同事们知道她要下岗，不好意思再找她打字了。没想到她特地和大家打招呼，主动揽活。她说："是福不是祸，是祸躲不过，反正也就这样了，不如好好干完这个月，以后想给你们干都没机会了。"

于是，同事们又像从前一样，"小燕，把这个打出来，快点儿！""小燕，快把这个传出去！"，小燕总是连声答应，手指飞快地点击着,辛勤地复印着,随叫随到,坚守着她的岗位,坚守着她的职责。一个月后,小灿如期下岗,而小燕却被从裁员的名单中删除,留了下来。主任当众宣布了老总的话:"小燕的岗位谁也无法代替,像小燕这样的员工,公司永远也不会嫌多!"

你能够做到在即将离职的情况下依旧坚守自己的岗位责任吗?如果能,相信你也一定可以守来属于自己的机遇。作为职场人,每个人都有着不同的工作,不同的身份。然而每一个身份属性都有它内在的责任和使命,只有坚守住属于自己的这份责任,才能够真正做好自己的本职工作,从而赢得同事、领导的赞赏,磨练自己的能力与意志力,抓住那些隐藏在责任身后的机会。

在这个商业化的社会里,企业越来越欣赏那些敢于承担责任的员工,愿意给他们更多表现的机会。因为只有这样的人才能给人以信赖感,才值得被重用。要想赢得机会,就得勇于负责。一个普通的员工,一旦能够做到始终坚守自己的责任,他的能力就能够得到充分的发挥,他的潜力就能够不断地得到挖掘。同时,他本人的职业生涯也获得向前发展的机会。

坚守责任是一种积极进取的精神。当一个人想要实现自己内心的梦想,下决心改变自己的生活境况和人生境遇时,首先要改变的是自己的思想和认识。要学会从责任的角度入手,对自己所从事的事业保持清醒的认识,做到坚守责任,才是成功的最佳方法。

千里之行,始于足下。任何伟大的工程都始于一砖一瓦的堆积,任何耀眼的成功也都是从一步一步积累开始的。聚沙成塔,集腋成裘。不管你现在所做的工作多么微不足道,都必须以高度负责的精神做好它。

不但要达到标准,而且要超出标准,只有超出企业和上级的期望,成功才会逐渐向你靠近。

9. 多一分担当就能多走一步路

对于每个职场人来说,工作占据了生命中的大部分时间,影响着人的一生。因此假如一个人在工作岗位上因缺少担当而得不到尊重,享受不到快乐,那么他的人生将是暗淡无光的。但在工作与生活当中,还是常常听到很多人这么说:"我不过是在为老板打工!""凭什么要我做这些,一个月才给我这么一点钱?""差不多就行了,这不过是公司的事,又不是我自己的事情。"在这些人心中,缺少了对责任的担当,当他们因此在职业生涯中举步维艰时,却还反过来抱怨社会的不公。

凡是抱有这种想法的职场人,他们大多在职场底层,总是在一份工作到另一份工作之间不停转换,永远难以获得升迁的机会。他们可能拥有丰富的知识、卓越的能力,却由于弄不清自己到底应该在工作中承担什么,而常常面临换工作的尴尬处境。

美国前国务卿科林·卢瑟·鲍威尔在自己的回忆录中写道:"工作是为了自己,只要你永远认真努力地去对待自己所从事的工作,在责任面前多一分担当少一分逃避,你一定会有所成就的。相信自己的能力还有自己的认真态度,明白自己是在为自己工作的。"没错,只有清醒地意识到在工作中多一分担当就能让你在职业生涯里向前多走一步,赢得

第一章 责任至上，高度的责任感是成功的基石

更多机遇，你才能够真正成为一名有责任心的优秀职场人。

齐瓦勃出生在美国乡村，家中一贫如洗，只受过很短的学校教育。15岁那年，他到一个山村做了马夫。然后雄心勃勃的齐瓦勃无时无刻不在寻找着发展的机遇。三年后，齐瓦勃终于来到钢铁大王卡耐基所属的一个建筑工地打工。一踏进建筑工地，齐瓦勃就抱定了要做同事中最优秀的人的决心。当其他人在抱怨工作辛苦、薪水低而怠工的时候，齐瓦勃却默默地积累着工作经验，并自学建筑知识。一天晚上，同伴们聚在一起闲聊，唯独齐瓦勃躲在角落里看书。那天恰巧公司经理到工地检查工作，经理看了看齐瓦勃手中的书，又翻开他的笔记本，什么也没说就走了。第二天，公司经理把齐瓦勃叫到办公室，问："你学那些东西干什么？"齐瓦勃说："我想我们公司并

不缺少打工者，缺少的是既有工作经验又有专业知识的技术人员或管理者，对吗？"经理点了点头。不久，齐瓦勃就被升任为技师。打工者中，有些人讽刺挖苦齐瓦勃，他回答说："我不光是在为老板打工，更不单纯为了赚钱，我是在为自己的梦想打工，为自己的远大前程打工。我要使自己工作所产生的价值，远远超过所得的薪水，只有这样我才能得到重用，才能获得机遇！"抱着这样的信念，齐瓦勃一步步升到了总工程师的职位。25岁那年，齐瓦勃又做了这家建筑公司的总经理。

卡耐基的钢铁公司有一个天才的工程师兼合伙人琼斯，在筹建公司最大的布拉德钢铁厂时，发现了齐瓦勃超人的工作热

情和管理才能。当时身为总经理的齐瓦勃，每天都是最早来到建筑工地的。当琼斯问齐瓦勃为什么总来这么早的时候，他回答说："只有这样，当有什么急事的时候，才不至于被耽搁。"工厂建好后，琼斯推荐齐瓦勃做了自己的副手，主管全厂事务。两年后，琼斯在一次事故中丧生，齐瓦勃便接任了厂长一职。因为齐瓦勃的天才管理艺术及工作态度，布德拉钢铁公司成了卡耐基钢铁公司的灵魂。因为有了这个工厂，卡耐基才敢说："什么时候我想占领市场，市场就是我的。因为我能造出又便宜又好的钢材。"几年后，齐瓦勃被卡耐基任命为钢铁公司的董事长。

后来，齐瓦勃终于自己建立了大型的伯利恒钢铁公司，并创下了非凡业绩，真正完成了从一个打工者到创业者的逆袭。

如果齐瓦勃跟职场中的大部分人一样，不愿意承担更多的责任，而只是完成自己分内的那一点工作，那么他可能一辈子都只能在工地里为他人打工。而正是由于他看清了一个人只有担当更多的责任，才能实现更大进步，才终于从平凡的众人中脱颖而出，走进了明亮的办公室，走上了自己职业生涯的巅峰，创立了自己的事业。

之所以说多一分担当能够让你在职业道路上多走出一步，不只是因为承担责任的过程可以让你获得薪水，更重要的是，它还教给你经验、知识。通过工作，能够提升自己，从而使自己变得更有价值，这就是勇于担当责任带来的最好回报。

工作中的负责，归根结底不是为别人负责，而是对自己的职业生涯负责。少一些抱怨，多一些担当；少一些被动，多一些主动。做到这些，你将拥有自己可贵的经历、能力和价值，离成功也就不再遥远。

让责任成为一种习惯

责任不论大小,让承担责任成为一种习惯,才有可能成为具有高度责任感的员工。绝不推卸任何在工作中该承担的责任,在自己能力允许的范围内把无人问津的工作承担下来,这既是负责任的工作态度,也是迈向成功的重要一步。

做有**责任感** **使命感** **归属感**的员工

1.1%的不负责≈100%的失败

在工作中,一个人单有一颗想要负责的心还不够,只有真真正正能将责任意识贯彻到工作中的每一个细节当中,才能说是对工作负起了责任。"天下难事,必作于易;天下大事,必作于细",负责任也不例外。

刚踏出校门,贺雷就去了一家公司应聘年薪8万元的营销岗位。贺雷一路闯关,从无数应聘者中杀出,终获总裁亲自面试。

那一天,贺雷飘飘然地走进总裁办公室。总裁不在,只有一位年轻漂亮的女秘书洋溢着一脸职业性的微笑,对贺雷说:"先生,您好,总裁不在,总裁让您给他打个电话。"贺雷掏出手机,拨了一串号码。但就在这时,贺雷看见办公桌上有两部电话,就问那小姐:"我可以用一下吗?"

"可以。"女秘书依然微笑着。

贺雷拿起电话,终于跟总裁联系上了。总裁在那端兴奋地说:"小贺啊,我看了你的简历,也了解了你的答辩情况,的确很优秀,欢迎你加盟本公司。"

贺雷高兴得心花怒放,第一个反应就是要将这个好消息与他的女友分享。半个月前,女友出差去了国外。贺雷刚拨了手机，却又迟疑了：这可是国际长途啊！这时，贺雷又看了看那两部电话，忽然想到：我都快是公司的人了，他们是大公司，不会在乎一点儿电话费吧？于是贺雷便拿起电话打给了女友："喂，米妮吗？告诉你一个好消息，总裁已经……"

恰在这时，另一部电话响起。

"先生，您的电话。"女秘书送了贺雷一个诡秘的笑。

"对不起，小贺，刚才我的话宣布作废。监控上的画面显示，你没能闯过最后一关，实在抱歉……"总裁在电话里温和地对贺雷说。

"为什么？"贺雷呆呆地问。

女秘书惋惜地摇摇头，说道："唉，许多人和您一样，都忽略了一个重要的问题，那就是在微小的细节上也要负责任。用公用电话处理个人事务，不就是一种不负责任的行为吗，明明身上有手机，干吗不用手机呢？"

一次在细节上不负责任的行为，本已经胜券在握的机会就这么没了，这次教训不可谓不惨痛，其实在职场中这样的事情屡见不鲜，然而依旧有很多人重蹈覆辙。

20世纪最伟大的建筑师密斯·凡·德罗，在描述他成功的原因时，只说了五个字：魔鬼在细节。可见其对细节的推崇。在职场上有一定成就的人，其能力、才识都相差无几，决定成败的是那微若沙砾的细节。责任亦是如此，在细节上1%的不负责，就很可能造成100%的失败。

正所谓"千里之堤毁于蚁穴",每个人的职场生涯都是由一件件小事,一个个细节拼接而成的。只要你有1%的不负责,就很有可能导致在工作中一些细微的失误,而这一失误很可能在你不经意间逐渐扩大,最终带来难以挽回的损失。此外,这1%的不负责如果没有带来后果,反而更为可怕。因为它很有可能让你对于责任更加不重视,久而久之责任心就会被渐渐淡忘,最终在一些大事上因为不负责而酿成严重后果。

不少职场人在面对一些并不重大的事情时,最常说的一句话就是:差不多就行了吧。就这样一个差不多,小损则会与众多机遇失之交臂,大害则会毁掉一个人整个的职业生涯。在职场中、在岗位上没有差不多,只有成与败。

要想抓住这最后1%的责任,让自己获得100%的成功,首先需要抛除自己的侥幸心理。在工作中的任何事上,不要抱有"差不多"的思想,"差不多"就等于失败,只有对每一件事都认真负责,才能够在工作中减少失误。养成对每一件事都认真负责的习惯,是一个成功职场人必备的素质,也是职场对一个负责任的人最基本的要求。

其次,要放下浮躁的内心,踏踏实实做好每一件事。浮躁的内心只会遮住我们的眼睛,让人难以看到细节中的责任,与成功失之交臂。不要笃信"成大事者不拘小节"这句话,它的成立需要很多的条件,绝非忽略小事就能成就大事。相反,能做大事的人往往都能够在一开始就踏踏实实地将小事做好。放下自己内心的浮躁,从小事负起责任,才有肩负更大责任的基础。

最后,还要能够虚心接受他人的指点。一个人的眼界毕竟很有限,难以将所有细节都考虑周全,这时,他人的监督和提点就成为了我们最好的帮手。不要在他人指出我们细节上的问题时,认为对方是在"鸡蛋里挑骨头",而要认为这恰巧是最好的帮助。利用身边其他人的眼睛发现自己在责任细节上的不足，是一件既不费力又讨好的事情，何乐而不为。

如果说责任是职场中的一般法则，那么对细节负责就是责任中的艺术。早在1941年，著名文艺批评家兰色姆就提出，使文学成为文学的东西不在于文学作品的框架结构、中心逻辑，而在于作品的细节描写。只有细节属于艺术，也只有细节的表现力最强。其实工作责任中的细节也是如此，1%的不负责我们必须用100%的付出去填补，否则等待我们的将是100%的失败。不要让你的职业生涯在这1%面前功亏一篑。

2. 永远不在责任面前找借口

责任不是空话，为我们的行为赋予责任，是我们事业发展的基础。责任不分大小，无论轻重，都要勇于担当。一个勇于担当的人，才能充分展现自己的能力，因为责任承载着能力。

有些人不敢担当责任，他们善于寻找各种各样的借口来为自己的失职推脱。"我可以早到的，如果不是下雨堵车。""那个客户太挑剔了，我无法满足他。""手机没电了，所以我没有联系上那个客户。"只要用心去找，借口就像海绵里的水，总是有的。

这些人宁愿绞尽脑汁去寻找借口敷衍塞责，也不愿意多花点心思把事情做好。借口或许可以让这种人暂时逃避困难和责任，但是时间长了，就成了一种习惯。借口说出来很容易，但是要消除它所导致的坏影响就难了，这些坏影响将使你在职场道路上举步维艰。

首先来说，总是在责任面前找借口，会让自己养成逃避责任的习惯，每当责任摆在眼前时，不是依靠自己的努力去承担，而是投机耍滑去逃脱。久而久之，你就不再会努力去提升自己应对肩上更重的责任，也无法在承担责任的过程中磨练自己，只能在职场道路上停滞不前。

其次，逃脱责任其实只是掩耳盗铃，你欺骗了自己却欺骗不了你的上司、同事。这会让你在他人心中的印象大打折扣。上司有什么重要的工作都不会交给你，同事有什么事情都不会与你合作，无论哪一点都会让你在职场中难以获得更多的机会和挑战，让你无法提升和进步。

某家大型企业最近一个月的业绩明显下滑，老板非常着急，于是召集各部门负责人开了个月度总结会。在会议上，老板让公司的几个负责人讲一讲公司最近销售方面发生的问题。

销售经理首先站起来说："最近销售做得不好，我们部门有一定的责任。但是，主要原因不是我们不努力，而是竞争对手纷纷推出新产品，他们的产品明显比我们的好。"

研发部门经理说："最近，我们推出的新产品非常少，但我们是有实际困难的。原本不多的预算，被财务部门削减了不少。依靠这些资金，我们根本研发不出有竞争力的产品。"

财务经理说："我是削减了你们的预算，但是你们要知道，公司的采购成本在上升，我们的流动资金没有多少了，公司面临很大的财务压力。"

采购经理忍不住跳了起来："不错，我们的采购成本是上升了，可是你们知道吗？东南亚的一个锰矿被洪水淹没了，导致了特种钢的价格上升。"

第二章 让责任成为一种习惯

大家说:"原来如此。这么说,这个月的业绩不好,主要责任不在我们啊,哈哈……"

最后,大家得出的结论是:应该由矿山承担责任。

公司的老板面对这种情景,无奈地苦笑道:"矿山被洪水淹了,这样说来,那我们只好去抱怨该死的洪水了?其实我知道责任在谁——责任在于我这个做老板的,雇佣了你们这样一群只会推卸责任的主管,下个月开始你们可以不必再为谁来承担责任苦恼了,因为你们都被解雇了。"

故事中的那些部门经理不但不承担自己的责任,积极主动地寻找解决办法,反而尽力找借口推脱。一旦所有的部门都形成了这种风气,就会造成整个团队的战斗力锐减。大家对公司的利益漠不关心,最终这个企业将走向没落,公司和个人都要为这种推卸责任的恶习埋单。企业老板深知这个道理,因此最终承担了责任,而那些推卸责任的主管承担了他们该承担的后果。

很多时候,当你遇到责任,也可能像这个故事中的这些人一样给自己找无数的借口,想尽办法不去承担它,甚至你为此消耗的精力、时间比承担起这责任还要多。其实当你努力去承担责任的时候,就会发现曾经为了逃避责任想出来的那些理由都不是理由。当你再次面对责任的时候,只要不再为自己寻找借口,而首先肩负起责任,将更多的精力投入到如何承担好这份突如其来的责任上,你就有机会获得成功。成功不需要借口,需要的是责任心。

成功的道路上永远会挤满失败者,做事情,没有哪件事情很容易成功,但是最后成功的人,就是那寥寥可数的几个真正锲而不舍,善于总结失败教训的人。也就是说,那些最终的成功者,他们必然有一种共同的素质——在责任和借口之间选择责任。那些敢于肩负责任正视失败的人，不会惧怕展现自己失败中的缺点和行为的不足，而是把自己生命中的每一个"愚蠢行为"都暴露在光天化日之下，让别人来指点和纠正。

强者总是寻找成功的机会，弱者总是寻找千百条失败的理由。借口是懦夫的托词，因害怕而放弃眼前责任的人，将永远一事无成。

在责任与借口之间请选择责任，最后才能磨砺出生命的闪光，责任终究会在每个人的岁月上写下人生的评语。

3. 让问题到你为止

工作中遇到问题是不可避免的，而在一个又一个问题面前，有的人成功了，因为他们能够勇敢面对问题，让问题在自己这里得到解决；有的人失败了，因为他们在问题面前选择了逃避，将问题踢给他人的同时，也将机会踢给了他人。

在工作之初，很多人总是想要"合理避开"一些棘手的问题，将解决问题寄希望于部门中的其他员工，久而久之，再次遇到同样困难的问题时，仍旧无法解决。而那个总是愿意主动承担困难问题的同事，却不断在进步，曾经的那些难题在他眼里已经是小菜一碟，当然最终也是他先获得了晋升。

无论你面临什么难题，首先想到如何解决而不是如何逃避，才有了不断进步的动力，而且在解决一个个问题的同时增强了自己的能力，丰

第二章 让责任成为一种习惯

富了自己的经验。当你逃避问题的时候,你实际已经放弃了想要解决问题的努力,徒然地等待别人帮你承担责任。此时你像一口没有活水注入的水潭,等待空气把你蒸干。而勇于承担问题,解决问题,关注目标快速行动,才是你职场活力不断的源泉。

在工作中,主动性本身就是竞争力。面对困难如果能够主动寻求解决方法,而不是被动逃避,就已经证明了你有解决问题的态度和决心,让身边的人感觉到这种态度和决心,是获得他们帮助和提醒的前提。正所谓人多力量大,如果率先拿出解决问题的决心,那么就能够带动他人一同努力解决问题,而当问题得到解决时,作为"带头人"必定会赢得最多的喝彩和更多领导的青睐。

布伦达·库瑞在一家国际性的快递公司工作了10多年,现在她已是公司的一名高级客户代表。这天,她正在值班,一个来自凤凰城某医学实验室的电话打进来。对方说有两个送往实验室的羊水样本还未送达,羊水来自两个情况十分危急的孕妇,如果再延误,羊水就变质不能使用了,那么两位孕妇就必须再次忍受取羊水的痛苦。

布伦达·库瑞放下电话,立刻进行了货物的运送查询。她发现这两件样品就在附近的达拉斯市。在联邦快递总部同事的帮助下,她截住那辆运送羊水的汽车,并搬下

我们运输的不是产品,而是解决方案

车上2000磅的货物,从中找到了样品。为了保证羊水送到后还能使用,按照实验室的要求,在剩下的运输过程中,羊水必

须保存在冰箱里。但布伦达没能在公司里找到现成的冰箱，于是她立刻赶回家中，将自己的小冰箱和备用电源搬上了汽车。

随后，她又找到达拉斯市联邦快递的空运经理，说："我要把这两件样品亲自送往凤凰城。"当晚11点，她乘上了飞往凤凰城的飞机。

第二天一早，实验室的技术人员看到了样品。"你为什么要这么做？难道这不违反你们公司的规定吗？"实验室的人对她的行为颇为不解。"这件事需要有人来做，"布伦达说，"正好，我在那儿。"实验室的人听到这样的话无不钦佩地说："难怪你是联邦快递的高级客户代表，实至名归。"

布伦达·库瑞之所以能够成为联邦快递的高级客户代表，这种做"问题终结者"的高度责任心是其中的关键。同样，对于每一个职场人来说，以一种高度负责任的精神，让自己遇到的每一个问题都能够妥善地得到解决，你也能够成为职场中的"问题终结者"，成为值得企业信赖的优秀员工。当然，"问题终结者"并不好做，这需要锻炼自己多方面的能力。

第一，培养自己的主人翁意识。当问题来临时，要把解决问题的思维变成一种习惯。当问题降临到自己头上，就会心无杂念地立即着手去对问题进行处理。很多问题在刚刚发生时并不难解决，而一旦耽搁，后果可能无法估量。因此，让主人翁意识指导自己在一遇到问题时就立刻行动起来，是做"问题终结者"的第一个关键点。

第二，培养自己承担责任的勇气。想要解决问题，就要求你在问题面前有着相当的勇气，不怕因此带来的责任和可能承担的过失。有些人一遇到问题，就产生了惧怕，开始想如何逃避问题，如何为自己开脱，这样当然无法解决问题。你只有在问题面前鼓起勇气，才能将全部精力投入到解决问题上，而非逃避责任。在问题面前鼓起勇气，尽自己所能去处理问题，即使最终的结果并不理想，别人也会因为你的举动而对你表示敬意。

第三，想要做"问题终结者"，归根结缔需要工作能力作为核心。只有在工作中主动承担问题，通过解决问题不断锻炼自己的工作能力，并从每一次处理问题的过程中汲取经验，你才能够真正让问题到此为止。在日常工作中，必须发挥自己的主观能动性，积极积累更多的业务知识，并向他人虚心请教，总结他人的经验教训，从而在遇到问题时能够寻求更多的解决途径。

在企业中，如果能够做到让问题到自己这里为止，妥善解决在工作中出现的大大小小的问题，那么企业和领导也一定会看到你的"价值"，从而安排你到更为重要的工作岗位。可以说，在一次次解决问题的过程中，你不但可以磨练自己，在心中树立责任意识，而且也为自己开辟了一条崭新的职业道路。

做"问题的终结者"，当帮助企业、帮助上司解决了一个个令他们焦头烂额的问题时，你也就掌握了自己在职场中立足的核心价值。

4. 工作无小事，保持最强的责任心

职场中绝大部分是普通人，没有闪亮的光环，也没有众人的瞩目。

日常的工作中，大家很显然都在做一些"小事"。但是如果把这些"小事"不当回事，只怕小事也做不好。小事做不到位，自然也就不可能谈什么成功了。

很多刚入职的新人，不屑于做具体的事，不屑于小事和细节。殊不知能把自己所在岗位的每一件事做成功，对每一件事负起责任就很不简单了。

约翰·洛克菲勒曾经说过："听到大家夸一个年轻人前途无量时，我总要问，他努力工作了吗？他认真对待工作中的小事了吗？他从工作细节中学到东西了没有？即便有再高的学历，再硬的学校牌子，如果不认真对待工作上的细节，不将敏捷的判断力、准确的逻辑推理能力、丰富的专业知识和工作中的具体细节联系起来，最终也会一事无成。"

把每一件简单的事做好就是不简单，把每一件平凡的事做好就是不平凡。每个人所做的工作，都是由一件件"小事"构成，但不能因此而对工作中的"小事"敷衍应付或轻视懈怠。记住，工作中无小事。所有的成功者，与其他人一样都做着同样简单的小事，唯一的区别就是，他们从不认为他们所做的事是简单的小事。只有把小事当大事做，对每一件事都负起高度的责任心，才能够真的成就一番事业。

小燕是一个名牌大学的毕业生，毕业后她来到了一家咨询公司，凭借着聪明和活泼，很快得到了部门同事和领导的喜爱。

刚到公司，小燕对什么都很好奇，东西也学得比较快。从工作流程到待人接物，很多工作只要别人一说就上手，一上手就熟练，跟各位同事也相处得颇融洽。慢慢地她开始接触一些各部门之间以及各分公司之间的业务联系和沟通等协调工作。

第二章　让责任成为一种习惯

虽然开始时小燕经常出错，但在部门经理的耐心指导下，小燕还是很快地适应了这些工作。但慢慢地，小燕变得有些不对劲了，工作也不那么上心了。看到小燕这样，部门经理找到小燕，问她有什么问题。小燕说，她觉得凭借自己的能力，不应该只做目前这些琐碎的小事，而是应该做一些更加重要的事情。

经理问道："那你认为什么是琐碎的小事呢？"

小燕马上回答说："例如帮您贴发票，然后报销，然后到财务去走流程，然后把现金拿回来给您！"

这时经理笑着问她："你帮我贴发票报销有半年了吧？通过这件事儿，你有什么收获吗？"

小燕待了半天说："贴发票只要财务上没有错误，分好类别，日期有效就行了吧，还能有什么收获？"

这时，经理语重心长地说："我当年像你这个年纪的时候，担任总经理助理的工作。其中有一项工作就是跟你现在做的一样，帮总经理报销他所有的票据。本来这个工作就像你刚才说的，把票据贴好，然后完成财务上的流程就可以了。但后来我注意到，所有的票据不仅是用来报销，它还可以是一种数据记录，它记录了和总经理乃至整个公司营运有关的费用情况。看起来没有意义的一堆数据，其实涉及公司各方面的经营和运作。于是我建立了一个表格，将所有总经理在我这里报销的数据按照时间、消费场所、数额、联系人等内容分门别类地记录了下来。

我起初建立这个表格的目的很简单，只是想在财务上有据可循，而且，万一我的上司有情况来询问我的时候，我会将准确的数据告诉他。但通过这样的一份统计数据，我渐渐发现了一些上级在商务活动中的规律。比如某类的商务活动经常在什么样的场合举办，费用预算大概是多少，总经理的公共关系处理方式等。

慢慢地，总经理发现他布置工作给我的时候，即使有时有些信息他没来得及告诉我，我也会处理得很好。后来他知道了我的工作方法和信息来源。他说我是他用过的最好用的助理。"

从工作中一些微不足道的小事洞察秋毫，可以感悟到一个人的内在精神。案例中小燕的经理正是凭借这份内在精神而获得了上司的信任。所以，把每一件简单的事做好就是不简单，把每一件平凡的事做好就是不平凡，能否把小事做好将是今后发展的分水岭。

正所谓熟能生巧，即使是再简单、重复的事情也可以不断总结、不断优化，把小事做细，把细事做透，小事也可以给我们带来大改变与大成果。

在职场里，本身的知识和专业才能只是一个基点，越是有才能的人越要学会收起自己的高傲，从小事做起，这样才能得到大家的认可。那些藐视一切、眼高手低的人很难被同事认可，受重用更是无从谈起。

然而，很多人往往是一味地追求高薪、高职位，而对自己目前工作中的所谓"小事"不屑一顾，这是非常危险的。因为，那些人认为自己应从事一些更能体现自己才能的工作，他们身在其位，却无法认识自己工作的价值，只是迫于生活的压力而工作。他们藐视这份工作，自然就无法全身心地投入。他们在工作中敷衍了事，得过且过，将大部分心思花在如何摆脱现有的工作、寻找更好的工作上，这样的人无论在什么

第二章　让责任成为一种习惯

地方都不会有成就的。

在工作中，没有任何一件事情，小到可以被抛弃；没有任何一个细节，细到应该被忽略。同样是做小事，不同的人会有不同的体会和成就。不屑于做小事的人不过是在工作中混时间，同样很难做成大事；而积极的人则会安心工作，把做小事作为锻炼自己、深入了解企业情况、加强自身业务知识的好机会，利用小事去多方面体会，增强自己的判断能力和思考能力。

只有把工作中的每一件事都当作大事去做，才真正能够具备做大事的能力。大事是由众多的小事积累而成的，忽略了小事就难成大事。从小事开始，锻炼意志，增长智慧，培养积极的工作态度，日后才能做大事。面对小事时的心态，可以折射出一个人的综合素质，以及其区别于他人的特点。"以小见大""见微知著"，从做小事开始，不断积累经验、增长才干，才能赢得认可。

任何一件事情，无论大小，都可能关系全局的成败。在工作中，任何细节，都可能事关大局。牵一发而动全身，每一件细小的事情都会通过放大效应而突显其重要影响。如果对小事抱着不负责任的态度，那么又如何做出惊天动地的大事？工作中即使最普通的事，也不应该敷衍应付或轻视懈怠。相反，应该付出我们的热情和努力，多关注怎样把工作做得更好。工作中同一起点的两个人，做着同样简单的事，其发展可能截然不同，原因之一是有人从不认为他们所做的事是简单的小事，并且能够尽自己最大的努力将它们做好。

"一屋不扫，何以扫天下？"可以说，不愿做小事的人是绝对做不了大事的。一件简单的小事情，所反映出来的是一个人的责任心。工作中的一些细节，唯有那些心中装着责任的人能够发现，并且做好。

工作无小事，它展示的是一种负责任的态度。如果能认真对待工作中的每一件小事并开拓性地完成它，那工作中就确实没有小事，从而更容易取得成功。成功不是偶然的，有些看起来很偶然的成功，实际上只是表象。正是对一些小事情的正确处理，才昭示了成功的必然。

5. 不逃避责任，让自己在错误中成长

每一个人的职场生涯中都或多或少地犯过一些错误，这些错误有小有大，有的无足轻重，有的却给企业和自身带来无法挽回的损失。人非圣贤，孰能无过，没有人会因为犯错而嘲笑你的愚蠢，但如果在错误发生后选择推卸、逃避责任，非但无益于问题的解决，反而会错上加错。

逃避责任，首先会让我们失去重新"站起来"的勇气。当一个错误发生时，如果因为害怕承担后果而没有及时站出来，那么在今后的工作中，都会患得患失。因为害怕承担责任而不敢接受挑战，就会错过蕴藏机会的工作，失去进步的可能，甚至从此失去"自信"。而在职场中，一个没有自信的人，工作时一定举步维艰。

其次，逃避责任会让他人对你丧失信心。一个成功的人必然需要得到他人的信任与支持。如果一个人在犯错之后选择了逃避，那么就等于给自己贴上一张没有担当的标签，从此以后就会失去他人的信任。在需要团队合作时，当然没有人愿意把工作交给他来做，也没有人愿意和这样的人合作。

第二章 让责任成为一种习惯

此外,推卸责任会让你的错误真正变成失职。在工作中发生了错误,与其为自己的失职找寻借口,倒不如坦率地承担自己的错误。领导会因为你能勇于承担责任而不责难你;相反,敷衍塞责,推诿扯皮,找借口为自己开脱,不但逃避不了责任,反而会产生更大的负面作用。让他人觉得你不但缺乏勇气承担,而且没有及时补救,是一种失职的表现。因此,与其挖空心思地找各种理由来推诿责任,不如勇于承认错误,承担责任,及时补救,把损失降到最低。

张力曾经去一家大型跨国企业面试,因为能力出众,他"杀"过了五关,从最初的三百多人中脱颖而出,被人力部通知去企业报道。

经理发给张力工作卡后,就对他和其他同时来的五名同事说:"请你们每人写一份申请,把你所需要的设备写一份清单,再到仓库领取东西。"

张力凭着实习的经验,把文具、纸张、信封等物品详细地列了一份清单,唯独忘了写电脑。其他人写了电脑,却是文具没写全。等仓管把东西送来,他们才知道缺少什么,只好又跑去找仓管要。仓管却要他们写申请,并到经理那里去审批。俗话说"枪打出头鸟"。哪个先去找经理,哪个就倒霉。但是,设备不齐,张力也无法工作。只好来个"死猪不怕开水烫"——把自己要的东西写好。而其他人见他要去找经理,于是纷纷让他帮忙代批,生怕自己受到经理的批评。

张力只身来到经理办公室,小心谨慎地拿出申请单。经理看了一下,就笑着说:怎么又要这么多的东西呢?他只好实话实说:"经理,我忘记了写电脑,其他东西是另外五人的,我

一起带过来给您审批。"经理反问道:"以后的工作你能代替吗?要他们自己来。"

下午,经理的秘书通知张力:"你正式被公司录取了!"他问道:"其他五个人呢?"秘书说:"他们没有聘上。"张力不解地问道:"这是怎么回事呢?"秘书说:"你不知道经理的为人。今天的报到其实是第六次考试,也是他亲自主考。他有一条原则,就是一个人可以犯错误,但一定要敢于承认错误,否则能力再强也不会得到录用。"

张力虽然犯了错误,然而他勇于承担责任的举动得到了认可,成为了唯一被录用的人,而其他因为害怕承担错误而选择逃避的人,却再也无法踏入这家公司的大门,错过了自己职场上的一个好机会。

谁都会在工作中犯错,然而如果一味逃避责任,最终逃开的只能是自己的机遇。

丢掉推卸责任的想法,首先能够养成勇于承担责任的品质,这是支撑你跌倒后再站起来的关键。只有承担了责任,才能够向他人展现自己的责任心,赢得他人的信任,也让自己重拾自信。养成勇于承认错误的品质,是在职场中迈向成功的第一步,也是最重要的一步。

其次,不逃避责任还能够让你在错误中积累经验。在工作中所犯的错误并不会因为你的逃避就此消失。相反,逃避只能让自己失去获得错误所带来的经验和机会。如果一心只想逃避责任,那么就难以追寻犯错的根源,也就无法在今后的工作中避免犯同样的错误。只有在犯错后肩负起应负的责任，才能让自己从错误中发掘经验和教训，让自己今后的工作变得更加顺利。

失败是成功之母，犯错并不可怕，它反而是你能够走向成功的好帮手。一个因为害怕承担责任而不敢承认错误的人，也就失去了成功的机会。只有在错误面前选择勇敢承担责任，才能在错误中成长，借着错误的"阶梯"迈向成功。

6. 责任到位，工作才能做到位

每个人从一出生起，责任就伴随在身边。父母将你养大成人，给予你爱与关怀，他们尽到了为人父母的责任；老师传授给你知识，更传授给你做人的道理，他们尽到了为人师表的责任。而现如今走入社会，走进职场，你是否仔细想过自己需要担负起怎样的责任呢？

对于大多数人而言，工作就意味着完成自己的分内事，然后心安理得地拿自己那份薪水。其实工作不仅是自己的谋生手段，也是个人对社会的一份责任。能力大小因人而异，但是对于工作的态度和责任却是没有区别的。一个人的工作做得好坏，最关键的一点就在于有没有责任感，是否认真履行了自己的责任。在一个人的整个职业生涯中，要承担来自各方的责任，来自企业的、领导的、同事的，等等。任何人都不能逃避责任，对于自己应承担的责任要勇于承担，放弃自己应承担的责任，就等于放弃了工作，你也将被工作所放弃。

做有 责任感 使命感 归属感 的员工

一个人有了责任心才能够实现自己的承诺，才能够得到别人的尊重。在工作中，只有责任到位，你才有可能将自己的工作做到位，如果连最起码的责任都忽视了，那么也不可能做好工作。

某集团的总裁，有一次去欧洲一个国家访问，被安排去一家面粉企业参观。这虽然只是一次普通的参观，却让他非常震撼，回国后一连几个晚上都没有睡好觉。

这家面粉厂属于一个大型食品加工集团，每天处理小麦多达1500吨，却只有66名雇员，工作效率之高令他惊叹不已。在他的企业里，相同规模的工厂一般日生产能力只有几百吨，但员工人数却高达上百人，日生产能力仅有对方工厂的1/6。

这个总裁实在解不开这件事的谜团，于是就与这家工厂的管理层进行深入的交谈，两家工厂的效率为什么有如此大的差距呢？是设备的先进程度不同吗？不是。这家高效率的欧洲工厂是20世纪80年代投入生产的，而这名总裁的合资厂却是在90年代建起来的，设备比这家工厂还先进。那么是管理方法的问题？也不是。工厂的管理层基本都是行业中的优秀管理者。

怀着极大的好奇心，这名总裁特意请教了欧洲工厂的厂长："为什么同样的设备、同样的管理，我的工厂却需要雇佣那么多人呢？"那位厂长回答很含蓄："也许是在你工厂中责任落实得不到位吧。"

正是这么一句轻描淡写的话，让这名总裁回国后彻夜难眠。他知道，当着许多人的面，为了照顾自己的面子，那位厂长的话已经是十分客气了。话语虽然十分平淡，但却意味深

第二章 让责任成为一种习惯

长——责任不到位,工作永远不可能做到位。

海尔集团总裁张瑞敏先生说过:如果让一个有责任心的员工每天擦六遍桌子,他一定会始终如一地做下去;而如果是一个没有责任心的人。一开始他会按照安排擦六遍,但是慢慢地他就会觉得五遍、四遍也可以,最后索性不擦了。在工作中缺乏责任心所带来的最大问题,就是做事不认真、不到位。每天工作欠缺一点,天长日久就成为落后的顽症。

"不患无策,只怕无心。"这是一句古人常说的话。这个"心"用今天的话来说,就是对工作的责任心。用事业心责任心衡量就会发现,工作中没有到位的地方还很多,可以到位、应该到位的空间还很大。从现象上看,这些不到位的问题是因为想得不细、措施不力,但根源出在事业心责任心的缺失上,是"心"未至导致"行"止步,使一些本来应该做好而且可以做好的工作走了过场、打了折扣,甚至半途而废。

对于很多人而言,工作就意味着完成自己的分内事,然后拿到自己的薪水而已,这也是为什么职场中的大部分人终其一生碌碌无为的原因。无论做什么事,若是没有责任心,必定是做不好的。只有始终把每一项工作都负责到位,才能够在工作中怀有更强的动力,对达成目标有一种执着的信念。如果你能够把工作当成一种责任铭记于心,当你在工作中面对困难和挫折时,才能够鼓起勇气,越挫越勇,最终实现自我突破,创造骄人的业绩。

只有把每一项工作都负责到位,你才能够在工作中获得快乐。不得不承认,工作有时是枯燥的,尤其是当你在一个岗位上从事多年同样的工作。然而,如果你把在工作中尽责当作必须要完成的事情,将完成工作变成一种对责任的坚守,你就能从中获得更强的成就感,而这种成就感会给你带来巨大的快乐。如果你能够从工作中感受到快乐，那么无疑会让自己更加热爱工作，而这是将工作干得比他人出色的关键因素之一。

只有在工作中把责任履行到位，才能将负责任培养成一种习惯，从而在更多的事情上获益。责任心是一种习惯性行为，也是一种很重要的素质，是做一个优秀的人所必需的。责任心对于一个人来说是极其重要的。梁启超曾说过："凡属我应该做的事，而且力量能够做到的，我对于这件事便有了责任，凡属于我自己打主意要做的一件事，便是现在的自己和将来的自己立了一种契约，便是自己对于自己加一层责任。"每一位员工也应该具有这样的责任心，分内之事，必须做好。

每个人的岗位不同，所担负的责任有大小之别，但无论什么样的岗位，要想把工作做得尽善尽美、精益求精，首先就要责任履行到位。有了这份极强大的责任心，才能在工作中做到敬业，自觉把岗位职责、分内之事铭记于心，知道该做什么、怎么去做；有了责任心才能尽职，一心扑在工作上，有没有人看到都一样；有了责任心才能进取，不因循守旧、墨守成规、原地踏步。首先把责任履行到位，你才能始终保持心中的责任感，才能将工作成绩做得更加突出。

7. 逃避责任是最大的风险

进入职场后，很多人本能地学会了规避各种风险，但有不少人却把承担责任也当作了有风险的事情而去躲避，这就是聪明反被聪明误了。

普通员工总是盲目地认为责任是领导才需要承担的东西，而自己可千万不能没事去"趟这道浑水"，给自己徒增烦恼。因此，在工作中不管遇到什么样的失误和问题，他们都尽可能一股脑地推出去，面对自己解决不了的事情也都本着"消极抵抗"的原则，等着领导去处理，这样虽然无过，但也不会有进步。而有的人却因为总是"自找麻烦"而不断进步，最终获得了升职的机会。

从两者的比较中我们可以发现，承担责任虽然可能需要冒一定风险，也需要付出更多努力，但是在工作中逃避责任才是真正最具风险的事情。

首先，逃避责任只是逃避了一时的风险，却给以后的职业生涯埋下了巨大隐患。试想，有哪个企业、哪个领导喜欢在责任面前"不作为"的员工呢？企业、领导对你的栽培，甚至包括你挣取的那一份薪水，都需要你用责任心去回报。而如果遇到责任就选择逃避，那么很快你就会在企业、领导心目中变得不再那么有价值，甚至被取而代之。

王磊是某化工厂的财务人员。一天，他在做工资表时，给一个请病假的员工定了个全薪，忘了扣除其请假那几天的工资。于是王磊找到这名员工，告诉他下个月要把多给的钱扣除。但是这名员工说自己手头正紧，请求分期扣除。但这么做的话，王磊就必须得请示老板。

王磊心里明白，老板知道这件事后一定会非常不高兴，但这混乱的局面都是因自己造成的，他必须负起这个责任，于是他决定去老板那儿认错。

当王磊走进老板的办公室，告诉他自己犯的错误后，没想到老板竟然说这不是他的责任，而是人事部门的错误。王磊强调这是他的错误,老板又指责这是会计部门的疏忽。当王磊再次认错时,老板看着王磊说:"好样的,你能在做错事情的时候主动承认,不推到别人的身上,这种勇气和决心很好。好了,现在你去把这个问题解决掉吧。"事情就这样解决了。从那以后,老板更加器重王磊了。

小刘在一家工厂任技术员。经过几年的实践锻炼,在老同志的帮助下取得了一定的成绩,并且被提拔成车间副主任,负责车间的生产技术工作。

有一次,车间的生产线发生了一些问题,产品质量受到了影响。他看过之后,便立即断言是原料的配比不合适,认为在投放新的一家企业提供的原材料后,原有的配比必须改变。但调整之后,情况仍不见好转。此时,另一位技术人员提出了不同的见解,认为问题的症结并非原料问题,而在于设备本身。对此,小刘内心觉得技术员的看法很合理,但他觉得自己是负责全车间技术与工艺的领导,如今自己的判断出现了失误,难免要承担责任。

为了逃避责任,他一方面继续坚持自己的看法,另一方面也悄悄安排专人对设备进行必要的维修和调整。但是由于贻误了时机,最终还是给公司造成了巨大损失。小刘在羞愧之中提出了辞职。

如果只是顾全面子,不敢承担责任的话,那最后吃亏的只能是你自己。假如犯了错且知道免不了要承担责任,那么抢先一步承认自己的错误,不失为最好的方法。如果勇于承认错误,并能好好自我反省,所犯

第二章 让责任成为一种习惯

的错误就更容易被原谅。人非圣贤,孰能无过,但有些人认识到了自己的错误,却没有勇气承认,或把犯错的理由归结于别的因素,在他们看来承认错误就意味着要受到责罚,却不知道推脱责任后果更加严重。

其次,不承担责任将失去很多提升自己能力、经验的机会。不要只看到责任带来的负担和风险,却对它能够给人起到的正向推动作用视而不见。其实当勇于承担责任后,你就能够有机会在工作中经历更多的问题,而在解决这些问题的过程中也能够保持高度责任心,并不断提升自己的能力以便让自己负起更重的责任。"天将降大任于斯人也,必先苦其心志,劳其筋骨。"倘若为了逃避这些困难而不承担责任,那么实际上也不可能获得什么"大任",从而失去磨练和提升自己的机会。

其实当责任摆在面前时,不妨把目光放长远一些,看到肩负责任带来的长远利益,而非眼前那一点点风险。

某天,欧越请一个地产发展商的老板杨总吃饭。杨总问欧越:"你欠过人家一个亿吗?""欠一亿?"欧越吓了一跳,额头直冒冷汗。

杨总说:"假如你真的欠人家一个亿,靠你现在做律师的薪酬,需要多久才能还清?是否需要另外想办法?"欧越回应说:"一个亿,可能我一辈子都还不清,我可能真的需要转行或者想其他的赚钱方法。"

杨总微笑地说:"所以,如果安于现状,毫无目标,假如突然遇到重大财务风险,你将会非常恐慌。"

接着,杨总分享了他的故事,当年他在银行做着安稳的工作,过着安逸的日子。但生活上却突然出现了重大的财务危机,妻子也患病急需钱去医治。于是他放弃了安稳的工作,借资创业。

同学、同事以及亲戚朋友都不理解他的雄心，因为银行系统的工作是非常安稳和舒适的，即便出现了财务问题，留在当时的工作单位才是最稳妥解决这一问题的方法，创业只可能给他带来更大的风险，甚至会因为失败出现更严重的债务问题。

不过他没有听取别人的劝诫，而是选择相信自己，狠狠地拼一把，进入地产开发领域闯荡。他对欧越说："如果当时我安于现状规避所谓更大的风险，当年的财务危机我或许永远无法完全解决，甚至我的一生都有可能消耗在与它作斗争上，这将让我永远停滞不前，倒不如别总盯着眼前的风险，把目光着眼于未来，扛起家庭和事业的责任向前冲。"

经过努力，他不但解决了自己的财务问题，而且在地产领域的经验也不断丰富，步入财富自由之路。之后又开始了一个新的选择，进入创投领域，同样做得风生水起。

欧越说杨总是一个传奇，他的个性就是敢于冒险，同时也懂得扛起责任。

如果只安于现状，杨总就不会走上一条"折腾之路"，就不会取得现在的辉煌成就。正是当年的那个创业决断，冒险肩负更大责任的勇气，大大改变了他的人生轨迹。

也许你我在自己的人生路上未必能经历如此重大的考验，然而就在本职工作上如果能够做到不逃避责任，那么也会有不小的成就。把目光放长远一些，不要为了眼前的那一点点所谓"风险"而放弃责任，只有这样才有可能把自己"逼"成那个更好、更优秀的人，才能一步步成为人人羡慕的职场精英。

8. 自动、自发，不做"按钮"式员工

大部分的职场人都能够在工作中努力做到完成自己分内的事情，尽量负起自己的岗位责任。然而，要想培养出真正的责任心，仅仅是负责远远不够，还要做到自觉、自发地愿意负责。

在工作中，到处可以看到"按钮"式的人，按一下，动一动，这样的人并非主动地去肩负责任，而是被动接受责任，无法培养出真正的责任心。这些人的想法是：反正我是打工的，只是替别人工作，做得再多，得好处的还是老板。

存在这种想法的人，很容易成为"按钮"式员工，没有激情，没有活力。无人监督时，就不知道做什么了，别人忙得要死，他们却心安理得地度着光阴。我想说：如果你是老板，你会喜欢这样的员工吗？

为什么《致加西亚的信》会流行这么多年，一直长盛不衰？因为这本书讲的是很多人都缺乏的一种品质——主动性。

事实上，所有的老板要找的都是这样的员工：不等老板吩咐就主动想事、主动完成任务。这类人的教育背景、性格特点或许不尽相同，但因为他们不只做老板告诉做的事，他们有时做得比老板想象的还要好，所以他们就是老板最需要的人。

工作时不要怕多做，特别是与你本职不相关的工作，你做的每一件事，都是对自己技能、见识的提升。

著名的迪士尼公司曾经改编过一首传统的歌谣《高飞问丽莎》，里面讲述了一个这样的故事：

高飞问丽莎，怎么处理一个漏水的桶。丽莎答道："那就补起来吧！亲爱的高飞。"高飞听了，立即又问："我用什么来补呢？亲爱的丽莎。我用什么来补呢？"

丽莎对高飞不动脑子的提问，感觉有点不快，但还是耐心地说："用稻草吧！亲爱的高飞。用稻草吧！"

可是，高飞仍然说，稻草太长。丽莎只好不断地给予高飞指示，而高飞却依然不断地提出各种问题。直到最后，丽莎告诉高飞，去提一点水来，好弄湿一块石头，磨快一把刀，去割断那些太长的稻草。

可高飞还在问："我用什么来提水呢？亲爱的丽莎。"

丽莎建议高飞用水桶提水，可高飞却说："可我的水桶破了一个洞，亲爱的丽莎，亲爱的丽莎，我的水桶破了一个洞，一个洞。"

高飞的问题又回到了原先的起点。

……

其实丽莎正是现实社会的老板，而歌谣中的高飞，正如同那些"按钮"式员工一样，他们对自己要做的各种工作都不会去认真思考，更不会做出任何决定。

他们实行"逢事必问"，事无大小，

都要向上司请示该如何做。因为他们不敢做，他们只会去逃避问题，实际上是把责任推给了上司。而作为一名公司的员工，你所需要的不是逃避问题、把问题推给上级，你的职责是把遇到的问题想办法解决掉。

在今天这个竞争激烈、变幻莫测的市场环境中，如果公司的员工像个没有生命的按钮一样，只做老板吩咐的事，只完成上司交代好的工作，这样的公司是无法生存下去的。明智的老板从来不会重用"按钮"式员工，他们所需要的，是能够真正地进入工作状态、独立自主地把事情做好的人。

一个拥有极强主动性的员工，无论其学历或技能如何，都能受到公司器重，获得更多的发展机会。每个公司的管理者都希望自己的员工能主动去考虑问题，主动工作，带着思考去工作。而对于发个指令才会动一动的"按钮"式员工，没有人会欣赏，也没有哪一位管理者愿意接受。

职场中，"按钮"式员工是机械工作的"应声虫"，升职的机会不会主动降临到这些人的头上，而会留给那些能从被动工作到主动工作，从机械式工作到创造性工作，从痛苦工作到快乐工作，能够真正地进入工作状态、独立自主地把事情做好的员工。

当然，要想真正成为主动式的员工，还需要懂得如何才能主动找到责任去承担，找到工作去完成。

一是要有不舍昼夜、不知日月的学习耕耘，赢得"能找事、办成事"的本领。俗话说："要砌墙、先打夯"，要做到"不教一日闲过"地去提高自己，只要有了过硬的本领，锻炼一双"找事"的慧眼，就能找到事、找准事、办成事。

二是要有"有困难、心难安"的责任意识，积蓄"能找事、办成事"的底气。底气来源于心底无私，只要不计个人得失、胸怀全局就能胸有胆识、心中无畏，认准的事就会迎难而上，有一种不想做事、干不好事、干不成事就"食不甘味、寝不安席"的精神，这样才能把事情做好。

三是要有"破框框、求突破"的创新意识，培育"能找事、办成事"的锐气。"找事"不是无事生非，而是不拘泥成规，不人云亦云，找别人没想到的事、做别人想到而没做的事，先思考一步，先行动一步，最终提升工作成效，磨练个人能力。

所有的知识都是相通的，所有的事都在提升你的能力。不做"按钮"式员工，不只做上司告诉你做的事，主动去发现和挖掘工作，你的发展会比你想得快。

使命在心,把工作当成自己最大的职责

对于一个企业的员工来说,什么才是最核心的使命?答案无疑是工作,把工作当作自己最重要的使命去完成,做到使命必达。当你最终走完这条崎岖的道路时,当你一次次完成自己的工作使命时,你也就一点点推开了通往成功的大门。

1. 工作是人生的重要使命

不少职场人认为，工作是劳动，工作是职业，工作是谋生的手段。但是，随着对工作本身内涵理解的加深，工作经历的丰富，越来越多的人发现，工作还有着更深刻的内涵——工作是人创造价值、改造世界、服务社会、贡献自我的具体形式。总结为一句话就是：工作是人生的重要使命。

不过这种认识在目前中国的职场圈里可能还并不普及，也许是不同的文化底蕴造就了不同国家人们的经济思想和经济行为。很多发达国家的企业氛围，在于员工往往对于工作有着上面说到的那种认识。例如，德国的产品之所以成为优良产品的代名词，就是因为德国人长期形成的企业文化：做工作不仅仅是为了谋生，更把工作看作责任和使命，他们看待工作比获取金钱更重要。这种观念的巨大差别导致了工作态度在严谨性和认真程度上的巨大不同，从而制造出来的产品也有巨大差距。

在工作中，每个职场人都应该努力战胜这些劣根性，把属于自己的工作做到完美，不断寻求一种源自内心的力量，驱动自己获得更大动力和专注力。当一个人视工作为回报和服务社会、实现自己的人生价值的重要使命时，就会更容易认同其所从事的职业，并且长久地保持工作热情。

美国心理学家马斯洛认为人的需要有五个层次，即生理需求、安全

第三章 使命在心,把工作当成自己最大的职责

需求、社交需求、尊重需求、自我实现需求。对于现代人来说,仅仅满足前四个需求是不够的。最大限度地满足生命的需求,使人生价值最大化,最大限度实现自我需要,是当代人工作的本质需求。

人的一生大部分的时间是在工作中度过的,正是工作创造出最大的人生价值。一个真正期望人生有价值的人,必定会用对待生命的态度对待工作。如何对待工作,某种程度上意味着如何对待人生。所以,给工作"打折",就是给人生"打折",给工作"贬值",就是给人生"贬值"。

李亨是一个脱硫喷射器博士,到美国工作一直是他的梦想。但是,当他满怀豪情地踏上异国的土地时,却被残酷的现实浇了个透心凉:找个像样的工作实在太难!万般无奈之下,他找了一份仓库保管员的工作。仓库在地下室,光线暗黑,不见天日。

他觉得这样的工作与生活毫无意义,于是整天都在琢磨如何快点离开这个地方。他经常质问自己:"难道我堂堂一个名牌大学的博士,读那么多书就为了守仓库吗?这样的工作对我来说有什么意义?"

在一次次思想碰撞之后,他想通了:"谁说博士就不能守仓库?谁说守仓库没有出路?就算是守仓库,我也照样可以守出博士的水平来!"

心态一变,工作状态立即就变了。他一改往日的无精打

是金子,管理仓库照样发光

采，每天都精神饱满地去上班。在做好本职工作的同时，他开始运用自己所学的专业知识，为公司制作了一份经营战略。其实，仓库是一个单位非常重要的窗口。哪些产品卖得好，哪些产品周转慢，都可以从库存上体现出来。这样，研究库存就成为了他的重要工作。

他每天都用心记录产品的进货、出货情况，并据此分析公司哪些经营战略是对的，哪些地方需要改进，然后写成报告递上去。刚开始的时候，根本没有人看他的报告，他的顶头上司甚至说：你守好仓库就行了，这些不是你该考虑的事！但他并没有气馁，他告诉自己：只要对公司有帮助，我就应该研究；只要不断地研究，就一定会有结果。

终于有一天，集团的一位高级副总裁来考察，无意中看到了他写的报告。看了之后，十分震惊，立即让人把他叫来。通过交谈，总裁发现这位小伙子不仅有水平，更有难得的主动性。于是一个月后，他被调到了集团的战略发展部工作。他的命运从此改变，凭着自己的能力和勤奋，一步步做到了这家集团的部门经理，年薪也达到了几十万美金。

在实现人生价值的过程中，使命感是不可或缺的。有了使命感，做事自然有动力、有方向。缺少使命感，不仅会失去做事的方向，就连做人的方向也会迷失。其实职场中有太多这样的例子，证明了使命感对于把工作做到出色有着多么重要的意义。

工作是人生的使命，永远不要忘了这一点。不要把自己看似平凡的工作当成一份苦差事，而要把工作当作一种使命对待。使命感使我们有勇气排除万难，甚至可以把不可能完成的任务完成得相当出色。而一旦失去使命感，即使是做自己最擅长的工作，也很有可能会出现巨大的错误，甚至让自己的一生都因此蒙上阴影。

2. 用使命感打造出勇敢的心

拥有了使命感，当眼前出现困难时，使命感就能够从内心鼓舞我们告诉自己：如果不能解决眼前的困难，那么我这一生中重要的工作使命也就无法完成。于是就能够以更坚定的信念，更坚韧的意志，激发自身潜能，最终克服困难。

当我们拥有了使命感，在职业道路上的选择时，也就能够有一个坚定的目标，鼓起勇气坚定前行，而不是在各个选择间徘徊不定。因为我们只需要选择能够帮助我们实现自己工作使命的方向，而事实证明这样做出的选择往往都是最正确的。

当我们拥有了使命感，就再也不畏惧为了更好地完成工作而承担一定风险，因为在完成使命的道路上不可能一帆风顺，而我们早就做好了迎接失败与挫折的准备。只要是有意义的冒险，我们都愿意进行尝试。

上午9点至11点半，跑步；下午2点至3点半，练力量。

看似普通的训练日程，对于安徽省体育局的击剑运动员张亮亮来说，却是最大的挑战。

"虽然很辛苦，但作为国家花剑队年纪最大的运动员，要在训练作风上给小队员树立榜样。"

从省队到国家队，他一直在努力。

1998年，年仅16岁的张亮亮加入安徽省击剑队，并在4年后成为国家队的一员。

为了自己喜爱的击剑事业，张亮亮把全部精力都花在训练和比赛上。从加入击剑队的那天起，他坚持每天写训练日记和心得笔记，不断发现问题，分析原因。

"已经记不得有多少个节假日放弃了休息，那时候就想着多看比赛录像，研究战术上的不足，争取早日能有突破。"张亮亮告诉记者，"国家队高手云集，必须付出更多才能跻身重大的国际比赛。"

正是在这样的信念指引下，张亮亮坚持长年累月刻苦训练。因为长期做弓箭步，膝关节劳损，膝盖严重积水，发作起来肿得像个大馒头。"疼得厉害就让医生用注射针筒抽掉积水，有时候一抽就是十几管的血水。"张亮亮略微皱皱眉，"为了不影响训练，我就和队医商量，晚上再治疗，这点苦真不算什么。"

走下领奖台，一切从零开始。

梅花香自苦寒来。辛苦付出换来的，是张亮亮为中国击剑赢得的耀眼成绩。

在2006年多哈亚运会和2010年广州亚运会上，张亮亮荣获团体金牌，并在2004年、2005年、2007年、2008年和2010年分别获得亚洲锦标赛团体冠军。尤其是在2011年11月的世锦赛上，他与队友团结奋战，勇夺团体冠军，实现了我国选手参加世锦赛花剑项目的历史性突破。

第三章 使命在心，把工作当成自己最大的职责

在成长的过程中，张亮亮也曾有过挫折和犹豫。他说："2008年北京奥运会，我以2分之差落选，当时受打击很大，甚至产生了退役的念头，但是我再一次想起国家赋予我的使命，为了不辱使命我愿意再拼下去。"正是使命感唤醒的那种锲而不舍的精神让他坚持了下来，并在随后的全国击剑比赛上带领安徽男花首次夺得团体冠军。

作为一名老运动员，张亮亮深知身上所肩负的使命和责任。从伦敦奥运会奋战归来后，张亮亮又投入到新一轮紧张的训练当中。"只要有百分之一的希望就要投入百分之百的努力，因为我们肩负着国家的嘱托和荣誉。"张亮亮说。

无论是对于运动员，还是普普通通的职场人来说，只有心怀使命感，才能够顶住来自外部客观条件带来的诸多压力，才能够让自己的内心空前强大，才能够专注于自己的事业、工作，从而取得优异成绩。

对于一个职场人来说，唯有通过内心的使命感唤起勇气，才能够在这竞争日趋激烈的大环境中通过奋勇拼搏为自己赢得一席之地。在职业道路上，也只有以一颗不辱使命的心，满怀勇气一步一个脚印地向着未知的未来努力前行，才能最终登上成功的顶峰。

3. 使命感是爱岗敬业的动力之源

一个人只有热爱自己的岗位,才能够专注于工作本身;一个人只有拥有敬业精神,才能够成就一番事业。爱岗敬业几乎成了每一个优秀职场人身上最醒目的"标签",而爱岗敬业的动力之源,就是心中那强烈的使命感。

任何一个爱岗敬业的典范,都是充满强烈责任感和使命感的人。尤其是那种强烈的使命感,更为他们的爱岗敬业注入了源源不断的强大动力。如20多年微笑办事在一线窗口的"好警察"胡朝霞;35年爱心办学的"深山孩子王""好校长"王朝会;25年真心换民心,让脏乱小区变童话花园的"好书记"朱国萍……这些常年扎根在各行业一线的基层"好人",甘于清贫,坚守岗位,勤于职责,无不是因为他们的内心始终有着一股强烈的使命感。

在1854年的巴拉克拉瓦战役中,南丁格尔带领38名护士奔赴前线开始了护理工作。短短几个小时的时间,成百上千的伤员从战场上被运了回来,而南丁格尔的任务就是要在这个痛苦嘈杂的环境中把事情弄得井井有条。不一会儿,又有更多的伤员从战场上被运了回来。什么事情也没有准备好,一切都需要从头安排。而当各种事务都开始有序进行时,她自己就又会去处理其他更危险、更严重的事情。在她负责的第一个星期，有时要连续站立20多个小时来分派任务。

"南丁格尔的感觉系统非常敏锐，"一位和她一起工作过的外科医生说，"我曾经和她一起做过很多非常重大的手术，她可以在做事的过程中把事情做到非常准确的程度……特别是救护一个垂死的重伤员，我们常常可以看见她穿着制服出现在那个伤员面前，俯下身子凝视着他，用尽她全部的力量，使用各种方法来减轻他的疼痛。"

用行动诠释
真正的伟大

一个士兵说："她和一个又一个的伤员说话，向更多的伤员点头微笑，我们每个人都可以看着她落在地面上的那亲切的影子，然后满意地将自己的脑袋放回到枕头上安睡。"另外一个士兵说："在她到来之前，那里总是乱糟糟的，但在她来过之后，那儿圣洁得如同一座教堂。"

南丁格尔被誉为"护理学之母"，她创立了真正意义上的现代护理学，使护理工作成为妇女的一种受尊敬的正式社会职业。她的故事告诉我们，一个人来到世上并不是为了享受，而是为了完成自己的使命。正是在强烈使命感的驱使下，南丁格尔在短短3个月的时间内，使伤员的死亡率从42%迅速下降到2%，创造了当时的奇迹。

有使命感的人，才真正知道自己工作的价值，因此能够始终坚持爱岗敬业的工作态度，甚至在工作中创造出奇迹。对他们来说，工作就是自己实现个人价值的一个平台，也是自己创造价值的一个渠道。他们从来不会认为工作是自己谋生的一种手段,更不会以此为自己谋取什么私利。他们只知道:工作,是因为一个组织正常运行的需要,是因为有一群人正常生活的需要,是因为一项事业正常前进的需要。所以工作的价值,就是维持一种秩序的正常运转,就是给更多人带去便利,就是把更多的希望送给别人,就是满足更多人的迫切需要。无论这种需要是什么,他们只知道:我们的工作,就是为了服务于某一项事业,服务于我们的社会。

有使命感的人,才真正知道自己岗位的意义,于是将爱岗敬业铭记于心。俗话说,铁打的营盘流水的兵。但在有强烈使命感的人看来,即便自己就是那个"流水的兵",他也要在有限的工作时期内完成自己该做的事情,并努力把它做到最好。因为他深深地懂得,这是一份信任,更是一份期望。他无法容忍自己辜负这份信任,甚至让这份期望落空。这份信任和期望,也许来自领导,也许来自同事,也许来自群众,但也许这一切都不重要,重要的是他不能容忍自己去辜负。所以,他会把那份信任和期望化作一份责任,一份使命,一种承诺:他一定要在有限的生命里,或有限的工作时间里,排除万难,克服重重阻碍,把工作做好。

有使命感的人,才真正知道自己努力的目的,将爱岗敬业当作头等大事。有使命感的人,会一直都清楚地知道自己在做什么,也一直都很清楚自己努力的目的在哪儿。为了这个目的,他不会去计较自己付出了多少,如时间、精力、心血,也不会去考虑自己失去了多少,如天伦之乐、爱情或自己更好的前程。他会坚守在自己的工作岗位上,用尽自己的全部心智,让工作展现最大价值。

在许多人眼里,近百岁的老人理应在家享清福,可是胡佩

第三章　使命在心，把工作当成自己最大的职责

兰老人却没有这么做。

　　1916年，胡佩兰出生于河南省驻马店市汝南县县城北关。1938年，她以优异的成绩考入河南大学医学部。1944年毕业后开始了治病救人的医生生涯。1986年，70岁的胡佩兰才从郑州铁路中心医院的妇产科主任岗位上退休。退休后，家人朋友都劝她好好歇歇，但她仍不愿离开诊室，坚持每周坐诊6天，这一坐又是20年。长期坐诊让她患上严重的腰椎间盘突出，进出都要坐推椅，但由于慕名找上门问诊的病人太多，胡佩兰每天都会坚持看完所有病人才下班。随着年龄增长，胡佩兰的记忆力和听力都大不如从前，但病人的情况她却记得清清楚楚。她戴着助听器，听不清的地方，便由旁边的学生解释。

　　2013年，98岁的胡佩兰心脏病突发，经抢救后，第二天她依然准时到医院出诊。她说："只要能活动一天，就要为病人服务一天，国家培养了我，我要好好为人民服务，这是我的使命。"2014年1月22日，98岁的胡佩兰老人与世长辞，她在弥留之际依然念念不忘她的病人。她留给世人的最后一句话是"病人看完了，回家吧"。这位近百岁的老人，一生为事业鞠躬尽瘁，树立起伟大的人生丰碑。

　　青岛港桥吊队原队长许振超是"老三届"。一般来说，他这个年龄层次的群体受教育偏少、年龄偏大，在社会上有相当一部分人成为下岗再就业的"特困户"，但只有初中文凭的许振超不但没有下岗，反倒成了一名世界一流的"技术专家"。许振超是怎么做到的？他的秘诀就是通过"学习、学习、再学习"，做到"一点也不能差，差一点也不行"的精益求精，

实现"干就干一流,争就争第一"的目标。他作为吊车司机,30年如一日,自学成才、苦练技术,练就了"一钩准""一钩净""无声响操作"等绝活,并模范地带出了"王啸飞燕""显新穿针""刘洋神绳"等一大批具有社会影响的工作品牌。他带领团队按照"泊位、船时、单机"三大效率的标准要求,深入开展比安全质量、比效率、比管理、比作风的"四比"活动,先后6次打破集装箱装卸世界纪录,使"振超效率"令世人赞叹,将"振超精神"名扬四海。近年来,他领衔组织实施的轮胎吊"油改电"技术改造,填补了国际空白,年节约资金3000万元以上。

尽管已经取得了不少骄人成绩,他仍不满足,除了掌握现有的应用技能外,又自费购买了高校的教材学习。看着他常常回家一学就是一夜,妻子经常劝他:"睡吧,差不多就行了。"他理解妻子的心意,却摇摇头说:"咱底子薄,电子技术发展太快,不学怎么能跟得上?当不了科学家,但可以练就一身绝活,做个能工巧匠,也算完成了一辈子的使命。"成功没有捷径,靠的是鲜为人知的努力和付出,不断求精。强烈的使命感让他的敬业已经不仅仅是一种精神,而是一种能力,甚至比能力更重要,成为一种生产力。

卓建术是一位典型的"90后"青年,也是一位朝气蓬勃的新时代IT人士。他虽然年纪不大,却已经是一家拥有2年经营史的网络公司负责人,成为许多人眼中年轻有为的成功人士。

早在2009年,还在惠州学院读大学一年级的卓建术就因

第三章 使命在心，把工作当成自己最大的职责

为对网络感兴趣，在学校组织成立了大学生网站建设团队。后来，他如愿进入了学院计算机系软件实验室，负责相关政府机构部门的网站安全维护、惠州学院网站的设计、系统开发及服装设计软件开发。毕业之际，在许多同学忙着找工作之时，卓建术对自己未来的事业有了清晰的想法：根据自己的兴趣，通过创业办公司，把为社会创造价值当作了自己的使命。为了经营好自己的网络公司，在公司注册之前，卓建术去了两家网络公司学习经营模式，同时了解市场，为自己将来经营公司作准备。开创自己的事业虽然艰辛坎坷，但卓建术不惧挑战："使命感是最好的动力，它能够让人全心投入。有了使命感，就有了激情，但关键还要坚持下去，踏踏实实，一点点积累经验。"如今的卓建术在创业的道路上越走越稳，虽累但快乐。

三个不同年龄阶段的人，三个成功者的故事，一种让人为之振奋的力量——使命感，驱动着一种精神叫爱岗敬业。

一个人在思想上的高度，决定了他在工作上能取得什么样的成就。如果只是迫于养家糊口才不得不工作，抱着这样的想法永远无法让自己产生足够动力，自然也就无法做到真正的爱岗敬业。只有把工作当作使命来做，穷其一生去追求在工作上创造最辉煌的业绩，不计得失、不畏困难，才能始终保持进取的动力，最终才能对自己的工作、对自己的岗位充满崇敬与热爱。

做有 责任感 使命感 归属感 的员工

4. 使命感让你远离习惯性"跳槽"

随着不断深化的社会主义市场经济，现代职场也发生着微妙的变化。从最早的"一个饭碗端到老"到现在"跳槽"成为一种普遍职场现象，职场人与以往相比获得了真正的"自由身"。然而，问题也随之而来。

第一，频繁地跳槽会让你的个人信誉遭到怀疑，从而被划入人力资源部门的诚信"黑名单"。公司在招聘时都很注重人才的诚信记录，没有什么公司会喜欢那些缺乏忠诚度的员工。所有公司都很防备，万一员工在接触和掌握了企业的核心机密之后，利用这些知识离职自立门户或加入竞争对手阵营，成为原企业的直接竞争对手怎么办？那些由于跳槽惯性而在行业中缺乏诚信度的人，很可能被记入企业人才管理的"黑名单"，即使很有才华也可能不再受欢迎。

第二，频繁跳槽还会让你的含金量"缩水"。如果一个人频繁跳槽，他一定不可能在一个职位上做很长一段时间，因此也不可能积累经验。职场人士在一个优秀的组织当中要沉淀四五年以上才有价值，才能学到一个优秀组织的精髓，才能够有足够的经验，深入了解某个行业和职业，职业含金量才能上升，并在行业中培育起好的口碑。显而易见，一个跳槽成性的人职业含金量只会缩水。

第三，跳槽还会降低你的个人成就感，增加危机感，从而造成严重

第三章 使命在心，把工作当成自己最大的职责

的心理负担。一个人如果总是想跳槽，无法安下心来好好工作，业绩一定好不到哪儿去，因此也就不会有什么成就感了。也许有人会认为工作只是为了养活自己，有没有成就感无所谓，其实不然，人对工作的满意度除了物质上，更多的是精神上的。如果你在一个行业中做出一番事业，对自我的认可度就会提高。频繁跳槽的人除了职业成就感不强，更会伴随强烈的危机感，接下来又被这种危机感所影响，使自己对跳槽所来的岗位没有信心，然后又跳槽，从而陷入了恶性循环。

第四，频繁跳槽还会严重影响我们在职场中的人际交往。职场人作为一个社会人，通过工作可以建立自己的人脉资源。人与人之间，从陌生到熟悉、从熟悉到了解、从了解到信任，都需要时间。对经常跳槽的人来说，短暂的工作经历很难建立起与同事的牢固关系。尤其是跨地区的跳槽，不仅与过去同事难以联系，就连自己的朋友圈子也会变得越来越生疏。

其实有些时候，很多事情达不到预期的目标不是因为公司或同事，而恰恰是因为自己缺乏使命感，这样即便跳槽也很难改变现状。其实如果自己愿意把工作当成使命去拼搏，下决心去改变，就会发现很多事情都可以简单地解决，很多跳槽的借口也都不再存在。事实上，与其用跳槽去逃避所遇到的困境，不如面对它，解决它。

那么，如何才能让自己远离盲目跳槽的"怪圈"，不再让自己为没意义的跳槽"埋单"呢？这其中的关键就在于强化自己的使命感，用使命感来提升自己的"定力"。

首先，明确了解自己工作的使命感。找到自己做这份工作的真正价值，在心中升华这种价值，让其成为你热爱工作的原始动力。这是回归本源的方法，也是你面对工作中出现的困难和问题最根本的思维出发点。确定自己在这一工作岗位上的目标规划，你要在多久的时间内做到

什么位置，得到怎样的工作效果。如果想成为团队的领导人物，又该走怎样的路线。

其次，正视自己的内在问题。应该非常明确一点，职场上遇到的绝大部分问题是无法靠跳槽完成的。性格决定命运，如果心态不改变，不改变自身内在的问题，无论跳到哪里，还是会面临同样的结局。例如，自己是否具有合作精神、在面临困难的时候是否有足够的自信并保持乐观、是否有足够的责任心去追求工作的完美、努力的动机是什么等。

最后，请牢记一句话：跳槽是无法解决我们面临的问题的，而只能成为新问题的开始。跳槽、逃避问题是非常容易的，也是人人都会的。但是，只有铭记使命、勇敢面对问题、解决问题才是成就我们职业发展的正途。

"人往高处走，水往低处流"，每一个人都有追求更高理想的权力。在职业生涯中并非不能跳槽，但是绝对不能随意跳槽。跳槽其实是一件很严肃的事情，不能像小孩"过家家"一样去随意处理，否则只能越跳越糟糕。

5. 心怀使命感，坚持到底很简单

无论在什么岗位做什么样的工作，走什么样的职业道路，其实都是在为自己挖一口"井"，挖井的过程虽然充满艰辛，但需要你以心中的使命感来让自己坚持到底。

第三章 使命在心，把工作当成自己最大的职责

在我们的周围，有的人很快就挖到了喷薄而出的井水，然而有些人却可能经历很长的时间才最终挖出了水。不过无论怎样，要始终坚信无论需要多长时间的努力，想要获得成功就只有一个选择，坚持到底。只有在工作中抱着这种"做就要做出结果"的决心，才能最终走向成功。

其实在努力的过程中，很多人会认为自己离成功太遥远或是过程太艰辛。不过就在即将放弃的时候，我们要重新唤起心中的使命感，下定决心一定要不辱使命坚持到底，就算失败也不能让自己后悔。

正所谓"谋事在人，成事在天"。即便向他人一样努力工作，甚至比很多人做得更好，也不能确定就一定能比别人先获得成功。但是我们不应该怀疑自己的努力和完成使命的决心：不能放弃，也许再"挖"一铲，就"挖"到了成功。

在现实中有太多人就是因为在"挖"最后一铲子之前选择了放弃，让自己的职业生涯充满了遗憾。

在危机持续不断的福岛第一核电站的核泄漏事故中，各地的消防队员冒着随时可能被辐射的危险，纷纷前往现场执行紧急任务。

东京消防厅队长高山幸夫就是其中一员。对他来说执行这种注水任务也属首次。高山幸夫是第八消防队总部消防救助机动部队的队长，当年已有54岁。在消防岗位上奋斗了30余载的他在刚接到任务时，感觉自己再也坚持不下去了，毕竟到了这个年龄，他也不敢去冒这样的风险。然而正是妻子给他发的一条短信，让他产生了强烈使命感，决定坚持到底。他在采访中说："我必须去，没有犹豫的余地。"

据了解，高山队长在从0时30分开始的二十分钟时间里，

带领大约20人，向三号机组的废燃料池的临时储水池执行注水任务。在放射线量不断刷新最高纪录的工作环境中，他们身穿防辐射服，时刻与危险相伴。

高山说："接到开赴命令后，我马上赶到了福岛，不过我心里还是有犹豫。"18日早上，他给妻子启子发了条短信，告诉她自己接到命令要赶赴福岛的消息。他当时对妻子说："我一定平安回家，不用担心"。平时他们在家几乎不谈工作上的事情，高山也从不告诉妻子自己执行任务的地点。这次因为将要和看不到的'放射线'进行作战，为了让妻子安心，高山才给她发了这条短信。

结果不到一分钟，他就收到了妻子的回信。妻子在短信中说："去完成你该完成的使命，我在家等你。"高山和妻子从中学时代开始就已相识，但仅从这几个简单的文字中他还是很难推断妻子的真实想法。一想到妻子或许是为了鼓励他而掩饰不安，他就想自己不能辜负她，一定要全力以赴去为需要帮助的人克服困难。高山说，仿佛有一种力量在推动自己向前，也许那就是使命感。

任务完成后，高山回到家时已是第二天夜里2点多了。他推开家门，听到的是在家等待的妻子一如既往的那一句"欢迎回家，坚守使命的英雄"。而这简单平常的几个字，当天却萦绕在他耳边久久不能散去。

成功的道路越漫长，为了成功付出越多的努力，承担越大的责任，就证明你可能获得的成功也就越巨大。而要想能够让自己做到如此，你就必须用使命感来激发自己坚韧不拔和永不放弃的精神，让自己的意志品质更加强大，让自己始终在工作中投入足够的努力。

首先，告诉自己，你离完成使命只差一点点坚持。有些时候之所以在努力的过程中想要放弃，主要是因为自己认为离成功还太遥远，因此无法建立"我有能力实现目标"的信心，进而让使命感减弱，试想谁会把一个自己认为根本无法完成的事情作为自己的使命呢？其实当你想要放弃时不妨告诉自己，你离完成使命其实很近，只需要再坚持一下就能够实现成功。这样你就能在内心产生更大内驱力，让自己坚持努力下去。

其次，让自己实现一些"节外生枝"的成功。每个人都会在工作中确立一个主要目标，这个目标通常是比较长远的，当然实现起来也是需要付出艰苦卓绝的努力的。不过如果你在很长一段时间里都只为了实现这一个目标而努力的话，难免会在漫长的过程中产生怀疑和犹豫，进而让使命感减弱。你可以尝试在实现自己比较远大的职业目标过程中，给自己布置一些小"任务"，通过完成这些小的任务来给自己带来成就感和自信心。当小的任务完成后你就可以受到鼓舞，认为自己有能够不辱使命的能力，自然也就不容易在实现成功的漫长道路上轻易放弃。

最后，回忆自己曾经的努力来鼓舞自己。如果你在实现成功的过程中永远只是盯着不可预知的前路，就总会有这样一种想法：不知道前面还有什么困难等着我，是不是难以克服；不知道还要经历多久才能看到成功，我的使命是否根本就不是这样。这种"杞人忧天"的想法会大大削弱你坚持不懈的动力，毕竟任何人对于未知的未来都会产生恐惧。此时不妨回忆一下曾经获得的成绩和走过的职业道路，回首往事时往往会被自己之前所做出的成就打动，发现"原来自己已经走出了这么远"。这样能够带来巨大的鼓励。偶尔回忆一下过去，发自内心地体味你所完成的工作给你带来的成就感，也是获取动力的重要方式。

当你挥舞着铲子试图在自己的那口"井"中挖出水时，不要气馁，不要犹豫，直到挖出水来为止。任何半途而废的行为都是对工作使命最大的亵渎，任何没有结果的工作都只能证明你的失败。当你想要放弃时告诉自己，再坚持一下你就能完成自己的工作。

6. 不只为薪水，也为使命去工作

在职场中很多人一直抱着打工者的心态去工作，并非他们不知道应该用老板的思维去思考工作，也不是在工作中不够努力进取，而是因为对"钱"过于看重，一心只想着自己能获得多少金钱上的回报，而忽略了更重要的东西。

在职场中你究竟只是一个普普通通的打工者，还是拥有自己职业理想并走在通向成功道路上的优秀职场人，决定这一点的关键就在于你究竟为了什么而努力，是为了钱还是为了梦想。

为了钱而努力只会让一个人始终成为一个打工者，混迹在职场的最底层。因为这种想法会让你做出的一切努力都只向"钱"看齐，从而忽略了对自己能力和价值的提升，这让你永远没有办法接近真正的成功。而只有抛弃这种打工者的心态，把自己的努力用在实现职业理想上，重视对自己综合素质的提升，为获得更广阔的发展空间打好基础，才能真正实现从一个打工者到一个成功者的蜕变，而到那时钱就不再是问题了。

万修光毕业于泰安贸易学院,主修市场营销专业。在2004年时,已经工作五年的他放弃了当时在外人看来待遇优厚的棉纺厂的工作:一月700元的工资和五险。这在当时的工薪阶层中,比食品厂、化肥厂、针织厂的工人工资都高。

"我觉得那种机械式的流水工作,不能实现自己的人生价值,不能挖掘自己的潜力,那不是我心中理想的工作状态,我不能只为了赚钱而工作,我得换一份工作。"万修光说。当时他和妻子同时辞掉了在棉纺厂的工作,妻子在家照顾刚出生不久的孩子,他则琢磨着下一份工作。

2004年,网络等媒体还没有现在这么普及,万修光通过多方走访,了解了房产中介这一行当,琢磨许久,万修光决定从这一行开始打拼自己的事业。

在准备好一切工作之后,万修光的第一家店面开业了,一年房租8000元,向朋友借了6000元,没找父母要一分钱,还雇了一个帮工。通过自己的不懈努力,第一个月的收入竟达到两万多元。遇到这样的开门红,万修光很高兴:不仅赚到了钱,更重要的是印证了自己现在的选择是正确的。

现如今他的公司累计销售房屋1000多套,交易金额4.2亿,协助银行成功放贷1.6亿。公司目前拥有连锁店67家,员工200多人,全面覆盖日照两县三区。

当一个人不再为了钱而工作时,往往就能够把眼光放到更重要的事情上。为了自己的使命去工作,激发自己的潜力,丢掉金钱这个沉重的"行囊",让自己在通往成功的道路上轻松前行。

工作的真正价值

不过要想真正让自己把工作当成使命而非为了养家糊口，就必须避免对赚钱的一些误区，让自己真正理解工作的意义。

（1）赚钱只是手段而非目的。

不可否认，如果一份工作不能让我们赚钱，那么确实不值得我们选择。不过要记住赚钱只是你实现职业理想过程中的一件"工具"，只是为了让自己能够生存下去的手段，而绝非目的。钱就像你走在完成使命的路途上的干粮，如果你总是为了获取更多的干粮而努力，那么行囊就会越来越重，你也会走越来越多没有意义的弯路，从而让自己无法获得成功。记住你的最终目的如果是为了实现自己的职业理想和自身价值，完成自己的工作使命，那么就别只为了赚钱而工作。不要忘记自己的初衷。

（2）为了赚钱而努力只会让你看低自己。

倘若一个人失去了自信，那么成功也就无从谈起。如果你仅仅是为了赚钱而工作，那么就只会用收入去衡量自己的价值，只会用金钱去判断自己努力所获得的收获，这就很容易让你看低自己从而失去自信。在完成工作使命的道路上，尤其是在工作的初期，你付出的努力和体现的价值往往并不能被金钱很好地衡量，你赚得的钱很可能与你实际的价值和付出的努力不成正比。而如果你只是简单地用钱去衡量自己，就会因此而错误地判断自己的能力，导致自卑心理的产生。

（3）为钱而努力会让我们失去努力的主动性。

要想成功仅仅有责任感和使命感还是不够的，还要做到主动在工作中努力完成使命，承担更多责任。如果把工作当成使命来做，那么就会把最大的热情投入其中，自然也就愿意主动努力。但是如果只是将工作

第三章 使命在心，把工作当成自己最大的职责

当作赚钱的工具，那么肯定对工作充满了抱怨和憎恨，自然不可能主动做出什么努力，也就很难获得成功了。

以赚钱为目的的工作是最愚蠢的投资，它让你收获的远比投入的要少得多。为了使命去工作，把努力投入到完成使命这个更高的目标上，你才能真正在通往职业理想的道路上越走越远。而金钱也将成为你创造了真正价值获得了真正成功之后的"赠品"。

满怀使命感去工作,把工作做到极致

当一个人充满使命感地工作,就能够在工作中拥有更强大的专注力,迸发更多潜力,最终把工作做到极致。如果你能够始终做到这一点,你就有可能成为"不可或缺的员工",真正在职场中立于不败之地。

1. 用使命感点燃激情的火种

使命感是什么？使命感是人的灵魂，更是职业精神的灵魂。简单来说，"使命感"就是明确知道自己在做什么，明确知道这样做的意义是什么。拥有"使命感"的人会把自己同一个伟大的事业联系在一起，并在工作中释放全部的激情。

一个充满使命感，在工作中尽职尽责的人，内心总是一种和谐的状态，没有勉强，也没有内在的冲突，他们会自动自发、自觉自愿地做好自己的工作，而不是依赖于别人督促或金钱上的激励。

每一个人都有属于自己的天生属性，也都会根据这种属性寻找到属于自己的角色定位。或许这种角色定位是医生、是教师、是科学家、是你梦想中的职业，抑或是你并不中意的工作，但这些都是使命感的表现层次，是人类为了生存而从事的最初级的使命感行为。

这种使命感是客观存在的，它不会因为个人的好恶而发生转移，它是人在一定社会一定时代下，被社会或者国家所赋予使命的一种感知和认同。这种感觉会随着人对社会文化、人类经济、哲学宇宙等整体知识的认知而逐渐被加深，从而更加清晰地认识到自我的原本属性，使命感的深度就是在这样的过程中被深化的。

古有萧彪："父有宾客，辄立屏风后，应受使命"，又有诸葛亮："受任于败军之际，奉命于危难之间"，可见有使命感的人首先能给人

第四章 满怀使命感去工作,把工作做到极致

安全感,能让人委以重任;其次,有使命感的人能够对所受之命,鞠躬尽瘁,死而后已;最后,有使命感的人能够更圆满地实现自己的人生价值。

事实上,一个人要自觉自愿,主动做好自己的工作,内心中的使命感是十分重要的。现实生活中很多员工把工作当成一种负担,他们认识不到工作背后的意义和自己肩负的使命,如此一来,工作带给他们的不是乐趣,而是不快和痛苦。

使命感是一个人积极工作的内在动力。找到了自己心中的使命感,明白了自己工作的意义,我们就会充满激情地投身于工作中,自然会发现工作的益处和快乐。这样,我们的内心、我们的工作、我们的生活也必然会处在一种和谐的状态,当然业绩也会越来越优秀。

没有使命感,工作何以快乐

孟昆玉——北京市交管局西城区交通支队广安门大队交警,无论是队里的领导、同事还是和平门岗周围的居民司机,没有不夸他的:不是因为他长得帅,而是因为他的勤奋和敬业、真诚和奉献,深深地打动了每一个人。

北京市的出租车司机都说小孟很用心。原来,小孟为了更有效地教育司机们不违章停车,自己制作了辖区内停车位的示意图发给司机们,大大减少了出租车违章停车率。

在执勤时,由于向他问路的人太多,有时候就不免耽误了自己的交通疏导工作。于是,小孟和同事制作了4块公交线路指路牌,分别立在路口的四个方向,这一行为大大方便了群

众。通过各种巧法子，孟昆玉让和平门路口的通行能力提高了近15%。

孟昆玉负责的地段交通拥堵现象比较明显，如果耽误了病人送医院，后果不堪想象。于是，孟昆玉开始琢磨开辟生命绿色通道。在孟昆玉的建议下，通往儿童医院、阜外医院、人民医院、积水潭医院的生命绿色通道保障组建立。至今，保障组已承担带道任务50余次。

在执勤过程中，小孟经常看到一些人在路上突然发病，于是他总是随身携带着速效救心丸，这一举动曾及时缓解了5名心脏病患者的痛苦，赢得了宝贵的抢救时间。

在祖国60周年的阅兵式上，小孟作为首都交警的代表登上彩车接受检阅的时候，他依然没有耽误自己的工作。在参加活动前的12个小时，孟昆玉还在上岗执勤。之后他提前试衣服，第一个赶到集合点，把一切做到了最好。

孟昆玉是一个在平凡的岗位上，用使命感见证优秀与卓越的普通的交通民警。

在社会生活中，每个人都有不同的分工，无论是哪一个行业都有施展才华和获得成功的机会，关键在于你是不是把自己的工作当成使命，用使命点燃激情的火种，将工作做到最好。当你选择了一份工作时，你也在选择一种生活方式：你可以选择马虎地把活干完，总是保持消极、厌倦的态度；也可以选择把工作做得漂漂亮亮，用激情让自己产生更大动力，将工作做到极致。一个真正优秀的人，不管从事什么工作，都会把激情投入其中，而这始终保持的激情恰好就是使命感带来的。而这些用使命感点燃激情火种的人才会在岗位上做出巨大的贡献，一步步走向卓越，成为其他员工学习的对象。

事实上，要成功，要做出骄人的成绩，要成就事业，创造财富，就必须让自己的使命感点燃自己在工作中的激情，让这份激情给你带来不竭的力量。

2. 找到自己准确的工作使命

在职场中，有这样一些"不科学"的人存在：他们无论做什么样的工作都能够做出成绩，仿佛天生有着用不完的"运气"。其实这些人之所以能够把工作做出这样的效果，并非真的因为他们"运气好"，而是他们总会选择去做对的事情，这也就是为什么我们身边总会出现"幸运的人总是幸运"这种奇特的现象。

不过，当我们知道了他们具体的理念和在工作上的选择后，我就发现这根本不是什么运气，而是一种智慧。

"做对的事情远比把事情做对更加重要"，这是管理学大师德鲁克在其《黄金笔记》中所提出的一种观点，这种观点后来经过科学论证和实践的检验，被认为是工作中的"黄金法则"。在"做对的事情远比把事情做对更加重要"这个法则中，"做对的事"其实就是做符合自己的使命与责任，能够在工作中产生"效能"的事情，而"把事情做对"则只是让努力产生"效率"。在实际工作中，如果你仅仅能够让努力有"效率"，那么这种"效率"非但没有意义，反而会让你在错误的道路上投入更多，错得更离谱。而只有你让自己的工作产生"效能"，即有积极影响的结果，你的努力才真正具有意义。

当然如果你想要凭借对自己客观的分析在工作中给自己最准确的使命，那么你就需要通过科学的步骤来给自己找准在企业中的角色定位，毕竟只有找准了自己的角色，你才能够根据这个角色相应承载的使命来找准自己的工作使命。

（1）避免角色定位过程中的失误。

①定位过高

当你刚进入社会或者进入一个新的行业经常会犯"定位过高"的错误。当你对自我的评估过高时，就会认为自己什么都可以做，自己是个能手或者专家，于是就出现了眼高手低的状况，即便你成功得到了自己期待的岗位，在岗位工作中往往也只会纸上谈兵，缺乏实践能力，导致让自己无论如何努力也发挥不出全部能力。

在职场中你对自己的定位要从你的实际工作经验出发，不要认为自己能够胜任就去进行定位，而是要联系实际看自己究竟处在行业中什么样的水平上。

导致你有可能对自己定位过高的还有另外一种情况：当你经历了一场高于自己现有职位的培训时，也有可能会出现同样的错误。

现在很多公司都会对公司内部的一些潜力员工进行重点培训，作为公司的储备干部。当你有幸成为其中的一员并经历了这种培训后，你就有可能一下子"膨胀"起来，觉得自己已经比其他人更有能力和经验，甚至已经成为一个职业能手了。然而实际上能力的提升除了接受更高层次的知识培训外，还需要你在工作中踏踏实实去积累工作实践经验，倘若忽略了这一关键因素就误以为自己已经成了领域内的"专家"，那么就会产生职业定位过高的错误。

第四章　满怀使命感去工作，把工作做到极致

当你有机会得到知识上的提升时，也不要忽略了多向同职位的人去学习，在与他人的学习和比较中找到自己的不足，对自己有清醒的认识。

②定位过低

出现这种情况的多数原因是，当你的能力获得了大幅度的提升，然而仍然处于一个较低的职位上时，你便总是以曾经的自己进行自我定位，这实际上是一种思维惯性。在对自己进行职业定位时，不要总以自己目前的职位作为唯一的考量标准，每个人都是从基层做起的，如果人人都这样想，那怎么还会有人去竞聘更高的岗位。你应该以自己在工作中所表现出的实际能力作为主要的考量标准，当发现自己能力确实有大幅度的提高时，应该重新对自己进行定位，而不是妄自菲薄。

③角色错位

在你的工作中往往会与他人进行合作，涉及一些对方工作领域中的工作，或者帮助对方共同完成工作。在这一过程中你可能会尝试去做一些自己曾经没做过的事情。而如果你成功地完成了这些事情，往往会产生一个假象：你已经能够胜任其他岗位的工作了。此时你就会在对自己进行角色定位的时候产生错位现象。

要明白一次尝试并不能代表你真正能够做好其他岗位上的每一件事，并且这种尝试还是建立在有人为你"搭桥铺路"的基础上。真要让你独立去完成其他很少接触的岗位工作，你即便付出很大努力也很难做好。不要总误以为自己的聪明才智能够让自己胜任所有的岗位。在进行角色定位时你还是不能过于相信"个案"，而是要以工作中的常态作为分析的基础。

（2）清晰了解自己性格上的长处和弱点。

你的性格往往决定着你的力量与兴趣所在。只有你了解到自己在性

格上的长处和"短板",你才能够为自己选择最适合自己力量发挥并符合自己兴趣所在的工作领域。例如,内向沉稳的人往往在工作中更加细心,适合在行政、财务等领域发挥自己的优势;而外向开朗的人往往更善于与人交流,能够在销售、公关等领域找到属于自己的位置。只有了解自己性格上的长处和弱点,你才能够在给自己进行职业定位时有意选择能够强化你长处的岗位,让自己最大限度地在岗位上发挥自己的性格特点;同时也能够让你避开人格的"短板",不去在这些你不擅长的领域做无谓的努力。

(3) 找到自己的天赋与技能。

天赋,就是有些事你天生做得比别人好;而技能则不同,技能是你通过后天学习得来的力量。当你具备某种职业天赋,而缺少技能的时候,你可以学习。做那些具备天赋的工作,你会充满兴趣,容易取得成就。但是,你不可能在缺乏某种天赋时,把这方面的技能学好。这就是职业定位中的"知道我能做什么,而不是我想做什么"。

一旦你能够确定自己在企业中的角色定位后,接下来就是用你的责任心、使命感去不打折扣地完成企业交给你的任务,这样你一定能够在正确完成工作使命的同时,给自己迎来更大的发展机遇。

3. 端正态度，把工作当作"使命必达"的事情去做

态度决定一切。每当我们能够端正态度，认真负责地去完成一项工作时，我们往往能够取得不错的成绩。而每当我们出现懈怠，觉得能够得过且过时，现实往往都会给我们一记响亮的耳光。

在准备开始投入工作时，永远不要忽略了一点，那就是让自己的"心"先准备好，端正自己做事的态度，在做事前怀有什么样的态度往往也决定着努力的结果。

如果你在开始工作前就抱着无所谓的态度，那么在工作中的行为肯定也马马虎虎，甚至对眼前的工作产生抗拒和抵触，当然无法将工作做好。只有工作态度端正了，满怀使命感去做事，把工作当作使命必达的事情去做，你才能对工作有更多的热情和喜爱，你的工作才能做得更好、更出色，获得更好的业绩。

"蛟龙号"潜航器的成功，让全国人民认识了驾驭"蛟龙"的潜航员叶聪以及他的团队。但站在叶聪身后、负责装配任务、肩负潜航员生命安全责任的"蛟龙号"组装者却从未现身。

深海载人潜水器有十几万个零部件，组装起来最大的难度

就是密封性，其精密度要求达到了"丝"级。而在中国载人潜水器的组装中，能实现这个精密度的只有钳工顾秋亮，人称"顾两丝"。

顾秋亮做学徒的时候可没少挨师傅的骂。说起爱徒顾秋亮，他的师傅张桂宝笑着说："那时候，他刚进车间，比较调皮，经常挨骂，还屡教不改，我们就说他，像茅坑里面的石头一样，又臭又硬。"

但骂归骂，聪明灵巧的顾秋亮仍然是师傅们眼中的一块好材料。师傅们对待顾秋亮，就像对待一块优质钢板一样，要制作成高精度的零件，就得一下一下、一层一层地用锉刀锉磨。师傅们不厌其烦的调教终于让这块"顽石"慢慢收住了心，开始专心于技术，沉下心来用最端正的态度来练习基本功。

回忆让顾秋亮感慨不已。那时，师傅要求他用一块10厘米大小的方铁，锉成一块0.5厘米厚薄的铁板。为此，他连锉了十五六块方铁，锉刀都用断了几十把，一遍遍地锉钢板，一遍遍地动脑筋琢磨。渐渐地，顾秋亮手里的活儿有了灵性，做的工件全部免检，"两丝"的名号也渐渐被叫响了。

锉钢板能达到0.2（丝）的精度，对手上控制力的要求极高，就好像拿着一碗水去跑步，既要快，又不能让水泼出来。想要练就这样的精度，就必须踏实下来一点一点进步，没有端正的态度和极强的耐心是不可能实现的。

2004年，"蛟龙号"开始组装，顾秋亮和他师傅级的前辈们一起被抽调到这个项目上。凭着"两丝"的功力，顾秋亮被任命为装配组组长。他们最大的挑战就是确保潜水器的密封性。

第四章　满怀使命感去工作，把工作做到极致

1公斤，是深海中1个指甲大小的面积上要承受的水压。1丝，只有0.01毫米，也就是一根头发丝的1/10那么细；载人潜水器身上所有密封面的装配精度，必须控制到几丝，才能确保潜水器在深海里既不漏水，又能缓冲巨大的水压。谁能担当这一重任呢？只有顾秋亮。

"蛟龙号"安装的难度是在球体跟玻璃的接触面，要控制在0.2丝以下。0.2丝，用精密仪器来控制这么小的间隔或许不算难，可难就难在载人舱观察窗的玻璃异常娇气，不能与任何金属仪器接触。因为一旦两者摩擦出一个小小的划痕，在深海几百个大气压的水压下，玻璃窗就可能漏水，甚至破碎，直接危及下潜人员的生命。因此，安装载人舱玻璃，也是组装载人潜水器里最精细的活儿。而为了解决潜水器密封性的问题，要做大量装配试验，顾秋亮在整个试验和装配过程中，每天工作到凌晨，双休变成单休，周六加班，这些都是常有的事。

除了依靠精密仪器，顾秋亮更多的是依靠自己的判断。他即便是在摇晃的大海上，纯手工打磨维修的潜水器密封面平面度也能控制在两丝以内。

"蛟龙号"是中国首个大深度载人潜水器，组装起来没有可以借鉴的经验，顾秋亮只能一点点摸索。

靠眼睛看、靠手抚摸。时间长了，顾秋亮两只手基本上没有纹路了，现在用指纹打卡都成问题。

其实，在刚参加"蛟龙号"项目时，他原来所在的实验室一直希望他回去工作，因为那样，他的收入能多一半，这对于他这个单职工、女儿上学急需用钱的家庭来说，能起不少作用，但他一想到自己的使命，还是坚持了下来。

他印象最深的是"蛟龙号"的第一次海上试验。对于极度晕船的顾秋亮来说，出海就是对身体极限的挑战。

3000米，5000米，7000米，随着"蛟龙号"不断升级的技术攻关，顾秋亮更是没有什么时间能照顾到家里。7000米海上试验，船刚刚起航，他就接到妻子打来的电话，说被查出怀疑恶性肿瘤，顾秋亮几乎动摇了。领导们都来安慰他。所里的党政工领导还上门慰问顾秋亮独自面对疾患的妻子。万幸的是，后来查出顾秋亮的妻子得的不是恶性肿瘤，回来后他和妻子哭着抱成一团。

现如今，虽然顾秋亮即将退休，但他仍选择继续接受新挑战，他表示，只要身体没问题，就将坚持下去，这是他的工作，更是他的使命，而他对于自己所从事工作的态度就是使命必达。

那么，如何才能真正做到在工作前首先端正态度呢？主要有以下几个方面：

（1）要明白工作是在为我们自己做事，而不是为了别人。

有些人之所以无法在工作前端正态度，很大一部分原因是并没有把工作当作为自己做事，而是当作为别人、为企业做事，以最端正的态度为别人努力做事肯定是很难做到的。但是仔细想想，其实工作原本就是我们在为自己做事。通过工作，你才能实现自己的人生价值，才能获得把自己的人生向更好的方向改变的力量，归根结底就是为了自己。只要认清这一点，纠正自己错误的观念，往往就能在工作前端正自己的态度。试想，谁在为自己做事的时候不怀以最认真的态度呢？

（2）要拥有一颗责任心。

工作确实有易难之分，也有回报多和回报少之别。但是不管什么样

第四章　满怀使命感去工作，把工作做到极致

的工作有一点是共同的，那就是完成它们都是我们的责任，只有肩负起这个责任，你才能够通过努力让工作给予价值提升的机会。只有对待工作认真负责，你才能在工作前端正工作态度，做好工作；此外，高度的责任心让你拥有一种敢于承担的勇气，在工作业绩处于低谷的时候，当工作出现失误的时候，你能敢于面对，敢于承担，敢于与困难、失误作斗争，总结吸取经验教训，重拾工作信心。有了信心往往就能够在接下来的工作中保持端正的工作态度；一旦失去了信心，就失去了保持端正工作态度的毅力。如果你对待工作只有三分钟热情而缺乏责任心，一旦热情退却，就会失去端正工作态度的根本动力，等待你的自然也只能是动力不足并最终失败。

（3）干一行，爱一行。

工作其实本没有优劣之分，岗位也没有重要与不重要之分。如果你不热爱自己的工作和岗位，那么看起来再优越的工作、再重要的岗位也无法让你收获职业道路上的成功；而如果一个人真心热爱自己正在从事的工作，那么即便他身处最普通的工作岗位，也能够做出最耀眼的成绩。三百六十行，行行出状元。而能否成为职场中某个领域某个行业中的"状元"关键不在于工作本身，而在于你是否有端正的态度。在开始工作前告诉自己："我爱我所从事的工作，我愿意付出任何努力在我的工作上。"这样你往往就能端正工作态度，将自己最大的潜力在工作中发挥出来，自然没有不成功的道理。

曾经带领中国足球闯入世界杯决赛圈的教练米卢蒂诺维奇曾经说过："态度决定一切。"只要你在工作前能够端正态度，你也同样能够通过努力在工作中做出最佳的成绩，冲出职场底层，迎来属于自己的光辉时刻。

4. 专注工作，心无旁骛

不知你在闲暇之余有没有思考过一个问题：人一辈子究竟要工作多长时间？我们对这个问题进行了以下计算：假如一个人大学毕业24岁参加工作，60岁退休，看起来工作了36年，其实不然。一年365天扣除节假日119天，每天满打满算工作7.5小时，36年当中我们实际用在工作上仅有约7.58年，公式为：36年×（365天－119天）×7.5小时/天÷24小时/天÷365天≈7.58年，而这7.58年的时间还包括在36年中不生病、不请假，更包括工作中上厕所、会客等其他事情占用的时间。想一想其实我们能够完全用在工作上的时间就更少。

事实上，你的一生留给工作的时间和精力是十分有限的，如果你想在如此少的时间里有所成就，仅仅靠努力很显然是不够的，你还必须专心致志、集中精力去做，提高自己的工作效率，这就需要很强的专注心。

什么是专注心？专注心就是集中精力、全神贯注、专心致志的心理状态，一个具有专注心的人，往往能够把自己的时间、精力和智慧凝聚到所要干的事情上，从而最大限度地发挥积极性、主动性和创造性，努力实现自己的目标。

在一个采访中国台湾经营之神王永庆的报道中，记者问王永庆为什么能成功，王永庆说："其实最基本的就是要全心投入、专心专注，唯

第四章 满怀使命感去工作,把工作做到极致

有如此才能体会到工作的乐趣,才能克服浮躁,忘记艰辛和烦恼,这时工作带给你的不仅是业绩和回报,还有智慧的灵感和潜力的迸发,人生多由挫折和困顿构成,而工作蕴含着一种改变的力量,它能帮助你战胜挫折,克服困难,给人生带来喜悦和希望。

工作成就始于积累

她叫黛比·弗尔慈,20世纪50年代生于美国加州的一个普通农家。结婚后,作为家庭主妇,黛比面对日益拮据的生活,想到创立一份属于自己的事业。但做什么呢?一没有雄厚的资金,二没有一技之长。于是,她想到了自己最拿手的就是现烤软饼干,不如就开一家这样的专卖店吧。

产生这种想法的当天,黛比就找到了她认识的一名行销专家。他在一家公司担任高级主管,了解市场经济,熟悉市场行情,更重要的是这位专家曾经吃过她做的饼干,对她的饼干赞不绝口。

黛比一见到这位行销专家,就对他说:"你一直很喜欢我做的现烤软饼干,现在我想投放市场,你认为怎么样?"

"这根本行不通,没人会买你的现烤软饼干。"

听了这位行销专家的话,黛比有点不死心,专门请教了不少食品方面的专家,他们大多还没听完,就连连摆手,一致表示反对。她知道,他们提出的问题和困难,不论谁创业都会碰到。

于是,黛比想到了自己的家人,他们经常吃自己做的现烤

软饼干，会有更亲身的感受，一定会理解和支持她开饼干店的想法。

想不到妈妈一听到黛比的想法，就满脸慈爱地说："我不希望你每天站在热得要命的烤箱旁边去卖现烤软饼干，还不知道能不能赚到钱。"

婆婆一听，立即提高了声调，对黛比说："那根本行不通。你从没有做过什么生意，家中的这点积蓄投进去，一旦血本无归，你们可怎么生活下去。"

黛比想不到自己在家人面前又碰了一鼻子灰。于是，她找到了周围的邻居、同事，逢人便讲自己开饼干店的想法，想多方征询他们的意见和建议。没想到，他们好像事先商量好的一样，都异口同声告诉她，这主意太怪了，你去做根本不会成功。

后来，黛比把这一想法告诉给自己最要好的朋友温蒂·马克斯。她想自己最忠实的老朋友即使不怎么支持，也会说些令她宽慰的话。想不到温蒂·马克斯一听她的话，马上告诉她："我根本无法想象这点子成功的模样。"

面对大家投来的怀疑眼光，黛比没有选择放弃，1977年8月，她孤注一掷地开了第一家现烤软饼干专卖店。

开张当天，黛比的饼干专卖店真的没有迎来一个顾客。在当时，一般人家都会自制饼干，就算要买，大家总是买已包装好的、咬起来脆脆的饼干。难道自己开这种店，真的如人们所说，根本就不可能赚到钱吗？

在极度沮丧的情况下，黛比想到了采用免费试吃的方法来吸引顾客。于是，她面露笑容地从店里端出一大盘饼干，走到

第四章　满怀使命感去工作，把工作做到极致

街上请来来往往的行人试吃。在让人们免费试吃的过程中，拉拉家常，交流一下做饼干的心得，创造了一种温馨友善的气氛。时间一长，人们都自愿到她店里购买她做的现烤软饼干，并且很快就有了回头客。

随后，黛比的饼干专卖店里顾客越来越多，规模不断扩大，于是她想到了开连锁店。从第一家开到第二家，一直开了几十家。最早的连锁店由她授权本店员工去经营，她自己则专注于饼干的质量管理。

后来，黛比的现烤软饼干店得到了长足的发展，她也成为当地家喻户晓的人物。

这就是黛比的故事。相信自己，专注一心去经营是成功的关键。正如她本人常说的一句话："只要认为自己是对的，就没必要在乎别人的看法，只管尽最大的专注去做就是了。"这可能就是很多人常说的成功之道吧。

只要专注于自己的工作，任何人都有可能实现巨大的成功。要想实现专注，主要就是认真细心，全身心地投入。《荀子·劝学》中有言："目不能两视而明，耳不能两听而聪。"德国哲人尼采说：始终全神贯注的人可免于一切困窘。做一切事情的关键，就是要有专注心。认真、细心，才能专注一心。这种状态是一种习惯，需要通过一定方法去训练。

（1）先让自己进入状态再开始重要的事情。

如果你总是难以在一件事情上专注，不妨先试着让自己进入专注的状态，然后才开始想做的事情。前面提到当注意力可以集中的时候，可以保持较长的专注。那么，我们可以选择一件感兴趣的、并且能够让自

己专注的事情作为开头,通过这件事情让自己进入状态,然后才开始真正要处理的工作。

(2)清空脑袋里的东西。

头脑里如果同时想着很多的事情,通常难以处理好要做的事情。所以,专注的时候,我们需要暂时清空脑袋里面那些乱七八糟的想法。可以通过放松身体的方式,帮助自己把头脑里的东西暂时排空。或者是选择一个较平静的时间,比如,在起床没多久的时间。此时我们的头脑里想的事情会比较少,会是一个专注的好时间。所以,午睡即便时间很短,也可以帮助自己提高每天下午的工作效率。

(3)进行自我训练。

想要轻易地进入专注状态并保持较长的时间,需要平常多做训练。每天留出一点时间,选择一件事情,让自己的注意力保持在这件事情上,一开始可以是半个小时,一个小时,然后慢慢增加时间。长时间的训练会让我们进入一个良好的状态,当专注成为一种习惯之后,当自己想要专注的时候,很容易可以进入这种状态。

(4)适当的运动。

适当的运动可以加强身体的新陈代谢和血液循环,让身体得到活跃,这样有利于在专注的时候保持更长的时间。尤其是当自己感觉到有一点疲倦的时候,适当的运动有助于消除这种疲倦,让脑力和体力回到一个较好的状态。不过,也不要运动太多,因为过多的运动同样会使身体感到疲惫。所以,只需要简单的适量的运动就行。

(5)排除无关的干扰。

如果在进行工作的同时,QQ一直不停地响,或者桌上摆着各种各样的零食,还时不时拿起手机刷一刷微博,这样是无法做好一件事情的。即使你不去点闪动的QQ头像,它们还是会在那里闪,还是一直会影响自己的注意力。所以，最好的方式就是，关掉 QQ，桌面上不要摆放任何无关的东西，排除所有外界的干扰，只把自己要处理的事情放在眼前。

（6）别让自己太舒适。

过于舒适的状态不适合专注去做一件事情，只会让自己的身体感觉到可以放松偷懒了。比如躺在床上或者舒服的沙发上看书、看文件，相信不用一会儿很多人就呼呼大睡了；但是如果我们是在办公室处理事情，会发现效率高很多。舒适的状态或者是舒适的环境都不利于保持专注。在家里处理工作的事情不如在办公桌前处理事情的效率。除非那项工作已经十万火急，不得不强迫自己处理。

不少人认为自己没有时间、没有精力去实现工作中的突破，事实上并非真的如此。不认真、不细致、不细心，没有专注心，干着这事想着那事，才是最终无法获得进步、成功的根源。很多时候你花费了一个小时当中的 58 分钟去左顾右盼，而只用 2 分钟的时间专注于当下的工作，看似在每天的工作中思想活跃，实际上并不专注，当然就会离成功越来越远。

5. 做好每一件小事就是在完成使命

当我们培养出了专注心后，首先感受到的其实并非专注给我们带来了多么强大的力量，而是会发现许多在之前被忽略的细节，而这些细节几乎都有着左右工作效果的重要作用。

细节决定成败，工作中没有小事，小事决定着大事。但是，在实际工作中，真正能将小事做好的人却并不多。这主要是因为想做大事的人很多，但愿意把小事做细的人很少；职场中不缺少雄韬伟略的战略家，缺少的是精益求精的执行者；不缺少各类管理规章制度，缺少的是将规章条款不折不扣执行的人。所以，对于工作中的任何事情都要以认真负责的态度去对待，只有把每一件事的每个细节都做到位，工作才有可能达到尽善尽美。

只有你用做大事的责任心做好小事，才能够在工作中避免出现失误，从而获得他人的信任，这也是做大事的基本前提。且不谈细节对成功人士发挥了多大的作用，单从我们的日常工作中就常听到，由于一时的疏忽大意而造成了事故的发生，其原因就是对所谓的小事、细节置之不理、漠不关心或者不当回事。

世界上没有绝对的大事，也没有绝对的小事，小事做不好会误了大事，小事决定大事。任何小事，都可以反映出你的素质、能力，看不起小事的人做不了大事。一代名将曾国藩曾说："天下大事当于大处着眼，小处着手。"他是这么说的，也是这么做的，才使得他最终成为一代名将，实现胸中抱负。作为一名职场人，只有以做大事的责任心去对待小事，你才能够同样获得成就大事的可能。

一天中午，吴耀汉正在和剧组里的朋友休息闲聊。就在这时，桌子上的闹铃响了起来，吴耀汉摁停了闹铃之后，立刻和朋友结束了谈话，开始顶着烈日在片场一圈又一圈拼命地跑了起来。吴耀汉越跑越快，被他鞋子带起的尘土四处飞扬起来，大家都把好奇的目光投向吴耀汉，谁也不知道他葫芦里到底卖的什么药。这时，午休结束了，吴耀汉也满头大汗地跑了回来，二话没说立刻投入到了拍摄之中。开始拍摄之后，大家突然明白了吴耀汉的苦心，原来下午第一场戏就要拍吴耀汉被杀手追杀之后累到虚脱的情景，他中午顶着烈日拼命跑步原来就是为了让这个场景显得更加真实。

累得大汗淋漓的吴耀汉强撑着拍完这个场景之后，忽然脚下一软，狠狠地摔在了地上。导演连忙从座位上跳起来，一个箭步冲过去把吴耀汉抱了起来，一边拍着他的后背，一边感叹着说道："兄弟，你是最棒的！"只见吴耀汉气喘吁吁地说道："导演，您过奖了。人家卓别林和周星驰在拍戏前做的功课，比我还要多百倍，我要向他们学习，并且努力超过他们！"后来，导演提起这件事时，还忍不住竖起大拇指连声夸奖："吴耀汉把工作中的每一件小事都尽力做到最好，这些小事积累成大事，小成功积累成大成功，他以后一定很了不起！"后来，吴耀汉果然如同导演所预言的那样，成了香港著名的喜剧明星。

一个人如果不抱着做大事的心态做好每一件小事，那么他注定将是一个默默无闻的小角色。吴耀汉拍戏，并非只是简单地混口饭吃，而是把超过卓别林和周星驰作为自己的奋斗目标。所以，抱着这样的心态，他宁可顶着毒辣的太阳跑步，也要将戏里的真实感淋漓尽致地表现出来，从而为自己赢得更多的机会。我们在职场中，也要像吴耀汉一样抱着做大事的心态努力做好每一件小事，才能在小事中积累做大事所需要的所有必备条件，最终真的做成大事。

在雨季时分，齐国连着下了多日的大雨。一天中午，齐国大将军在部下的陪同下视察各个军营的情况,当他来到副将田单率领的军营时,忽然愣在了原地。只见田单并没有在军帐中,反而正站在大雨中监督粮草官给士兵们发放午餐。

田单脸色苍白,身体轻微地颤抖着,似乎是生了病,却还站在泥泞的泥土里监督着午餐的发放。大将军看到这种情况之后,就把田单叫到了面前:"这么点小事为什么还要你自己来做?"田单舔了舔干裂的嘴唇大声回答道:"多年以来,粮草官克扣军粮中饱私囊的事情屡有发生,将士们因此连饭都吃不饱!我如果连这样的小事都做不好,那怎么能赢得兄弟们的心,怎么能带领他们去做出生入死保卫国家的大事呢?"说着,田单的身体又轻微地颤抖了几下。"你生病了?"大将军面露关切之色。田单笑着连说没事,得到许可之后,立刻又走回去监督午餐发放。大将军离开田单军营的时候,忍不住回头看了看这些斗志昂扬的将士,长长地叹了一口气:"田单看似是在做小事,却凝聚了人心,真是一个难得的人才!"后来,田单率领着自己这支忠心耿耿的队伍南征北战,战功赫赫,终于成为了一代名将,名留青史。

对于田单来讲,他始终把当将军,率领千军万马保家卫国作为自己的奋斗目标。所以,他连发放午餐这样的小事都亲自过问,因为他明白,只有真心实意地爱护士兵,才能凝聚整个团队,使这支部队成为一支虎狼之师。而这样的举动,最终换取了战士们的心,也得到了领导的

第四章 满怀使命感去工作,把工作做到极致

认可,从而助他干出了一番轰轰烈烈的事业。

其实无论对于哪个领域来说,一个人只有以雄心壮志和认真的态度努力做好每一件小事,才能赢得全局的胜利,最终有所成就。

在职场中,有太多人带着怀才不遇的心态。工作时,他们或心猿意马,或虚应故事,或被动怠工,或得过且过,不论他们真正的能力如何,他们的工作表现一定很差,一定是组织中的麻烦和困扰。如果这个组织透明而有效率,这些人可能很快地就会被组织所淘汰;而如果这个组织不讲求效率,这些人会更悲惨,因为没有被淘汰,只会让他们虚度青春,不知悔改。

不耐烦做小事的人,通常心思复杂,想抄捷径、走近路,他们不知道能力是慢慢培养的,是从小事做起,一步一步变大的。不会有人是天生做大事的人,做大事的人永远非常擅长做小事,因为他们都是从小事中不断磨练出来的,因此不论现在的工作有多无趣、有多卑微,你能全力以赴克服它、做好它,就是从"小事"脱身成长的方法。而当你一次次从"小事"中脱身,很快就会发现自己的能力突飞猛进,同时你还具备了对任何事情都能够负起百分之百责任的素质,此时自然会有人找到你去做"大事"。

一件简单的小事情,所反映出来的是一个人的抱负。工作中的一些细节,唯有那些心中装着大抱负的人能够发现,能够做对。用做大事的心态做好每一件小事,我们从中既能得到上司的赏识,又能培养出自己卓越的品质,从而赢得最终的成功。

记住,职场对每一个人都是公平的,当你能够承担大事时,你自然会得到做大事的机会,而如果你还在做小事,那这些小事同样是你的工作使命,你需要从小事中不断锻炼自己,积累经验,提升能力,为将来完成"大使命"做好准备。

做有**责任感** **使命感** **归属感**的员工

6. 把工作当作乐趣而非负担

在职场中，很多人都会在工作时不停抱怨：总有做不完的工作、解决不完的难题，更头痛的是还要应付那些复杂的、没完没了的人际关系，很难有属于自己的时间和空间……他们总是很烦恼，时光匆匆，激情渐退，生活真累。

也有一些人虽加班加点地工作、忙忙碌碌地生活，甚至连外出休闲旅游，也丝毫不会"怠慢"，分秒必争，在他们的身上丝毫看不到对生活的倦怠之意。他们热爱工作、热爱生活，他们总是那么快乐。这样的人往往在工作中能表现出强大的执行力，是领导心中的"优秀员工"，他们享受着工作，同样也享受着生活。

其实工作对于每个人都有很大的压力，不论你优秀还是平凡，不论你职位是高还是低，而工作究竟带给你的是快乐还是痛苦，主要还是取决于你自己的心态。很多勤奋工作并快乐生活的人，他们一致的感受就是：要把工作当成一种乐趣，才会不被工作所累，才会开开心心地去完成每一项工作任务，工作干劲和执行力也能得到保障。基于这些你就能更好地完成工作，进而就可以轻轻松松地去过属于你的生活。

在美国佛罗里达州桑福德市一个安静的小镇上，有一名厨师叫马克·鲍勃，他的烹饪水平一直不错，在一家叫好望角的

第四章 满怀使命感去工作,把工作做到极致

餐厅做了两年的厨师。当厨师之余,他还热爱博彩,虽然他一直没有中过大奖。

2009年2月,幸运之神眷顾了他,他居然中了数百万美元的大奖。在经济危机的情况下,他成了小镇最幸运的人。中奖的那个晚上,他在自己工作的餐厅请客。他亲自下厨,和大家一起庆祝自己的一夜暴富。

那个狂欢的晚上,所有人都尽情玩闹,只有饭店老板约翰有些难过,因为他得开始计划重新招聘一名厨师了,他想鲍勃肯定不会继续干这份工作了。

第二天,就在约翰拟好招聘广告之后,一个熟悉的身影出现了。鲍勃居然回来了。鲍勃不但回来了,而且风趣地说:"我是厨师,你们休想把我丢进那些豪华会所。"

于是,鲍勃又吹着口哨开始了他的工作。很快,饭店里的食客渐多,当人们发现鲍勃依然在这里工作时,都很惊讶地向他挥手致意。

后来,他的做法引来了记者。记者举着摄像机闯进厨房问他:"鲍勃先生,你完全不必继续在这里工作了,为什么还要继续呢?"

他一手端着盘子,一手拿着勺子对记者说:"我从小就学习做菜,并在父母亲的反对之下坚持成为一名厨师,你大概知道我有多喜欢干这个了吧?而且,我在这里有像亲人一样的老板和同事,我们相处得非常快乐,他们让我人生的大部分时间都很快乐。我为什么要因为一笔意外之财而丢弃我热爱的事情呢?是的,我不能因为钱耽搁了我的快乐。"

记者很惊讶,继续问他:"你这么有钱,干吗不把这家餐

厅买下来,然后自己做老板,不是更好吗?"

鲍勃笑了,隔着玻璃门指着外面的老板约翰说:"像购买这家餐厅成为老板这种事情,我是不会干的,因为这是约翰最喜欢干的事情,我如果买下这家餐厅,那不意味着约翰要失业并失去快乐了吗?既不能给我带来快乐,又有可能夺走别人快乐的事情,我为什么要干呢?"

记者再次惊呆,然后对鲍勃竖起了大拇指。

像鲍勃这样能够把工作当成快乐的人,往往能够在工作中找到更强的使命感,为了自己的快乐去努力,这不就是每个人人生的一大使命吗?你必须意识到,人生最有意义的就是工作。与同事相处是一种缘分,与顾客、生意伙伴见面是一种乐趣。即使你的工作处境再不尽如人意,也不应该厌恶自己的工作。如果环境迫使你不得不做一些令人乏味的工作,那么就多在工作中想想它给你带来的更深层意义。工作能让你展现自己的价值,能让你的一天变得充实,能让你看到更广阔的世界,这难道还不值得你对它充满兴趣吗?

你还要明白,人可以通过工作来学习,可以通过工作来获取经验、知识和信心。你对工作投入的兴趣越多,决心越大,工作执行力就越强,效率就越高,获取经验、知识、信心的速度也就越快。在这之后就会有许多人愿意聘请你来做你更钟爱和喜欢的事。可以说,把工作变成人生的乐趣,你才能够获得更多让你感到更大乐趣的工作,让你彻底走进一个让人生更加丰富多彩的循环中。

当然,在悟出工作的真谛后,你可能还需要在实际工作中使用一些小技巧来让原本一成不变的工作变得充满吸引力。

你可以尝试多去发现那些藏在工作过程中的乐趣。工作本身其实并不缺乏能够吸引你的兴趣点,有时只是因为你总把自己束缚在"工作就是无聊的"思想中,因此无法发现这些乐趣。例如,当你误打误撞地由于工作"失误"发现了一种更加有效率的工作方法;在与同事的沟通过程中出现"口误而闹的笑话,那些让人舌头打结永远也说不对的专业术语,等等。尝试去挖掘工作中能够吸引你的兴趣点,你会发现其实工作过程可以充满欢乐。

你还可以尝试在不影响工作质量的情况下,去与自己周围的同事来一场"比赛",看看谁先能完成一天的工作。这样的"竞赛"机制往往能够大大激发人的兴致,从而让你在工作中为了赢得"比赛"而激发更强的潜能。而对方也会不断调整"策略",优化工作流程,从而战胜你。在这种"竞赛"模式下,你和周围人的积极性都将被调动起来,也会从博弈中感受到前所未有的快乐和使命感,自然就会体验到工作的乐趣。

许多很优秀的员工,他们拥有渊博的知识,受过专业的训练,他们朝九晚五穿行在写字楼里,有一份令人羡慕的工作,拿一份不菲的薪水。但是他们并不快乐,他们是一群孤独的人,不喜欢与人交流,不喜欢星期一;他们视工作如紧箍咒,仅仅是为了生存而不得不出来工作。这样的工作状态最终会让他们越来越难在工作中保持执行力,从而断送了他们获得成功的机会。

如果你不希望成为这样悲剧的一员,那么就试着让工作成为你的人生乐趣吧。不要盲目认为换个工作就能改变一切。如果你不从心理上调整自己,即使换一万份工作,也不会有所改观。

很多时候人觉得累不一定是体力上的累,而是心理上的累,一切都是"从心"开始的。把工作当成一种乐趣,不但有助于你以更轻松的心情面对每天的工作,也有助于大大提升你在工作中的使命感和责任感,让你始终保持最佳工作状态。

将使命感根植于心,与企业共进退

如果要问企业最需要什么样的人,那无疑是能够跟企业风雨同舟的员工。只有将使命感根植于心,你才能够将岗位工作放在心中最重要的位置上,才能够为企业的进步自愿贡献最大的力量,才能够在企业最需要自己的时候挺身而出,最终成为企业的"骨干"。

做有**责任感 使命感 归属感**的员工

1. 从"同步"价值观开始

刚入职的时候，很多人对职业道路充满了疑惑，也不懂究竟该如何做才能把工作做到最好，就算努力"强迫"自己以更强使命感去完成工作，最后却发现使命感是不能自己从心里"长"出来的，它是需要培养的。这不免让人无所适从。

那么，不妨先试着把自己的价值观与企业价值观同步起来。当你真正尝试这样做后，你就会发现自己对企业产生了更强的认同感，从而渐渐把企业交给自己的工作当作自己的事业来做，使命感也就自然而然产生了。

企业价值观在一定程度上能够体现企业的整体目标，而企业文化所弘扬的核心思想也正是为了实现这一目标而服务。身在企业的员工当然也有着自己的个人职业目标和人生目标，而每个人也会为自己的个人目标不懈奋斗和努力。

而在实现个人目标的过程中，每个人都难免会遇到实现个人目标与企业发展需要产生分歧的情况，一旦发生这样的情况，你就很难做到与企业"一条心"。让自己首先按照企业文化核心理念的需要去做事，最终不但会使你在实现个人目标的过程中遇到巨大阻碍，甚至会影响到你对企业本身的看法，从而不再以完成企业交给自己的工作作为自己的使命，让好不容易培养起的使命感全然消失。正因如此，唯有将个人价值

第五章 将使命感根植于心，与企业共进退

观进行调整，把个人价值观与企业价值观有机结合，才能够实现个人目标和企业目标的统一，让你和整个企业在实现各自目标的过程中更加顺利。

当然，所谓同步价值观，将企业价值观和个人价值观相结合，并不是完全放弃个人价值观。如果为了遵从企业价值观而完全放弃自己的理念，那么你不但不能以更加努力的姿态去完成企业赋予的工作，相反还会产生抵触情绪。调整个人价值观其实只要通过科学、恰当、适度的调整，你就能够在同步价值观的同时，也让自己的个性得以保留下来。

首先，在企业价值观和个人价值观之间找到共同点和联系，并强化对"共同价值观"的认知。其实对于每个身在企业的员工来说，个人价值观或多或少都会与企业价值观相关联，否则你又为何选择在这个企业中实现个人价值呢？有时候你认为个人价值观和企业价值观很难达成"同步"，主要还是因为没有找到它们之间的联系和共同点，只要找到了这种联系和共同点，通过科学的目标调整策略，你就能够实现个人价值观和企业价值观的"同步"。例如，有些人的个人价值观是希望能够获得更丰厚的收入来提升自己的生活水平，而企业的价值观是希望能够获得更大利润得到更好发展。可能你会觉得有时在实现个人利益和满足企业利益之间发生冲突，但换一个角度去想就能找到其中的联系和共同点。只有企业得以进步，个人才能够实现更大价值，获得更丰厚的回报。因此你就会更加热情主动地把企业交给你的工作当作自己的事业和使命，因为你已经意识到企业的利益与个人利益息息相关。这就是通过寻找企业价值观与个人价值观间的共同点，从而调整目标让个人价值观与企业价值观有机结合。

其次，在制定个人职业发展计划时要以企业价值观作为参考和依托。每个员工为了实现自己的职业目标，都会对自己的职业生涯进行规

划，而这一计划将直接影响到你在工作中的行为和面对抉择时的判断，也会影响你的个人价值观。因此，要想让个人价值观与企业价值观有机结合，就需要在调整目标的时候制订一个同时符合个人价值观与企业价值观的职业发展计划。例如，有些人在制订职业发展计划时，可能只是片面地考虑到了自身的发展，而忽视了企业价值观的需要，因此经常频繁跳槽，只盯着眼前的报酬。然而以这种完全忽视企业价值观的职业规划作为指导，往往很难让你达到预期的效果；相反，有些人在制订职业计划时将个人价值观与企业价值观相结合，在寻求个人职业发展时不忘企业的给予，积极回馈企业，以先实现企业目标，进而实现个人目标为指导思想，通常都能够获得与期望相近甚至远远超出期望的结果。

最后，以企业文化核心理念为指导，调整个人目标，纠正个人价值观中的偏差。一般来说，企业文化中所宣传、弘扬的精神，往往是被整个社会所认可的，也是符合基本道德要求的。因此，倘若个人价值观与企业文化核心理念所宣扬的精神产生较大分歧时，那么很有可能是由于个人价值观存在偏差。例如，你的企业文化向你传达着互相帮助的精神，而你个人价值观只是希望自己得到足够的利益，根本不关心他人的得失，甚至为了获得眼前的利益可以牺牲他人的利益。那么你在与企业文化理念相悖的同时，实际上也违反了做人的基本道德和底线。因此，不妨用企业文化的核心理念作为衡量个人价值观是否正确的标准。这样不但能够修正你在制订目标或实现目标过程中产生的偏差，也能够让你的个人价值观和企业价值观有机结合在一起，在实现企业、个人共同价值的道路上稳步前行。

对于每个员工来说，顺应企业价值观的核心理念是你能够做到把工作当成使命并从工作中谋求自身发展的先决条件之一，因为只有依托更加强大的企业作为发展的平台，才能够拥有更广阔的未来。可以说，只

第五章　将使命感根植于心，与企业共进退

有企业的价值有希望得以实现，身在企业的员工的价值才有实现的可能。因此，更应当以企业价值观的核心理念作为指导，适时调整自己的价值观，把个人价值观与企业价值观有机结合在一起，为自己的职业生涯选择一条正途，从而更早登上事业乃至人生的顶峰。

2. 成为企业的"金名片"

作为一名企业员工，当产生越来越强的使命感后，我们才能真正意识到，要想把工作做到极致，仅仅做好岗位工作是不够的，还要把与企业息息相关的每一件事情都尽自己最大的努力做好。而对于一个企业来说，除了核心产品要质量过硬、技术先进以外，企业的口碑和形象也同样与企业的命运息息相关。

在维护企业形象上，每一个员工更应该尽自己一份力，因为很多时候，一个小小的举动有可能给企业脸上增光，也可能抹黑。

现代企业的形象除了依靠企业自身的宣传和维护，很大程度上还是会通过企业员工的行为来体现，因为企业员工是企业行为的实施者，也是企业精神核心价值观的实际载体与传承者。因此，一名优秀的企业员工，有义务通过规范自己的言行来为自己的企业形象代言，努力做企业的"金名片"。

"早上好，买些什么？"一个响亮的声音在耳边响起，循声望去，一位年约四十的女子围着围裙站在熟食车后面，用询问的眼光望着她的顾客，脸上的笑容热情洋溢。

这家店的格局与常见的便利店无异：5平方米左右的店面整齐有序地陈列着各种商品，熟食车后面1平方米左右的区域是工作活动空间。

一般来说，便利店的工作很单调，工作人员大多面无表情，仿佛每个人都是机器人，职责仅是与消费者完成钱货两清的交易。因此很多前来这家便利店购物的顾客第一次见到这样的笑脸都会颇为错愕，其实他们不知道，这个女子已经把整栋大厦变成了她的熟人社区。

便利店所在的大厦属于三星写字楼，共36层，广告、护肤品、酒店等多个行业的公司在此办公，很多职场人在电梯里朝夕相见，却人人都患有"城市病"，鲜少沟通，唯独在这家小小的便利店，可以听到家常互动。"怎么加班到现在才下来买吃的？不要饿坏了身体。""最近公司新上了项目，忙死了！""老板没走你就走？不怕被老板开除啊。"俨然朋友间的对话，充满人情味。

这位热情的女店员总在适当的时候向顾客推销产品。"办个会员卡能便宜不少，省下钱奖励自己下午茶也好。""奶茶两瓶有优惠哦。"……很少人能抗拒这种朋友式的建议。"又被楼下便利店的'忽悠'多买了一瓶奶茶。"很多人在到楼下买下午茶回来都会开玩笑式地"抱怨"一句。这一切关系的建立都在于这名店员对每一位顾客坚持的问候和微笑，无论对方冷淡以待，还是热情回应，这种坚持冲破了人与人间的第一道隔阂，很多人也因此对这个连锁便利店有了非常良好的印

第五章　将使命感根植于心，与企业共进退

象，甚至在别的地方想要买东西时也会首先看看有没有这个品牌的连锁便利店。

正是这名店员通过自己全心全意的工作态度，让便利店获得了比打广告更有效的宣传，也让自己优秀的品牌形象深入人心。其实对于每个员工来说都是如此，倘若你能够注意自己的一言一行，始终提醒自己：我代表的不光是自己还有我的企业。那么企业形象也必然会因为你优秀的表现和素养被他人所称赞，而你当然也就成为了企业形象的"金名片"。

当然，想要真正为自己的企业形象代言，并不像日常出门前的打扮那样容易，需要更多地提升自己内在的品质和涵养，并通过实际行动将自己的这种优秀内涵体现出来，进而向社会和他人展现你身为企业的员工所蕴含的企业优秀核心价值观。

首先，深入理解企业核心价值观是为企业"代言"的第一步。每个企业的企业形象都与企业文化中所宣扬的核心价值观息息相关，每个企业也力求自己的企业形象能够向社会和他人传达这种价值观。因此作为企业的员工，必须深入理解企业文化中最重要的核心价值观，知道企业究竟希望保持什么样的企业形象。同时还要加强对企业规章制度的学习，加强对自己岗位要求的理解，明白自己在工作中需要规范哪些言行。只有这样，才能够在企业核心价值观指导下正确地通过规范自己的言行为自己的企业"代言"，否则很可能只会做无用功甚至适得其反。

其次，提升自身素质，培养全方位优秀的职业素养是为企业"代言"的最关键一步。如果要说一个员工通过什么样的方式最能提升自

己企业的形象，最能让社会和他人直接了解到自己企业的核心价值观，那么无异于通过优秀的职业素养，通过全方位的职业能力把自己的工作做到最好。把岗位工作做好是每个员工最基本也是最核心的任务，其他人当然也会首先从这个方面来考量你。假如你在工作中表现得认真负责、尽心竭力，并对工作投以极大的热情，那么在他人眼中你的企业一定拥有非常优秀的企业文化，自然也就会给企业形象加分；反之，如果你对待工作只是敷衍了事，或是由于自己的职业技能不过硬而失误频频，那么也会给企业形象抹黑。

因此，你必须通过不断学习强化自己的职业能力，通过实际工作不断锻炼自己与他人沟通的技巧，通过经验和教训强化自己的认知和应变能力。只有这样，才能够全方位地提升自己的职业素养，也才能够有能力在工作中以最恰当的行为完成工作，以优异的工作表现来让自己的企业文化和核心价值观得到最好弘扬。

再次，与企业共同成长是为企业"代言"不可忽视的一步。企业会通过不断努力发展与成长，而在不同的发展成长阶段，企业需要的形象可能也会产生变化，员工也会提出更高要求。因此，必须让自己跟上企业发展的步伐，让自己的发展与企业的发展保持同步。不断思考自己在现阶段如何才能帮助企业提升形象。在企业发展的初期阶段，员工更应表现出谦虚、好学、谨慎的态度去努力完成自己的工作；而如果企业已经发展到极其成熟的阶段，企业文化也已经发展到较高的水平，那就要更多地在工作中表现出自信、稳重、成熟。只有这样不断与时俱进，跟上企业成长的步伐，才能以最符合企业文化发展不同阶段的不同需要，来帮助企业提升形象。

最后，向企业模范员工学习靠拢是为企业"代言"的坚实一步。在很多时候，企业中并非所有的员工都完全了解企业现阶段发展的需求，很多员工希望为企业形象提升贡献自己的力量，却不知道从何着手。其实大家可以向企业宣传的模范员工进行学习，向他们的思想境界和行为方式靠拢，甚至可以直接向他们"取经"，请教如何才能够全面提升自己的职业素养，如何才能够帮助企业维护和提升形象，成为企业的合格"代言人"。这些模范员工的经验是你最好的"铺路石"，能够让你避免走弯路，避免因为不恰当的理解让自己的言行"帮倒忙"。

每个企业员工都应该意识到，自己在工作中的一言一行不仅仅代表自己，同样也代表着身处的企业。只有通过规范自身的言行，才能够给企业形象带来提升，你也才能够成为真正的企业"金名片"。

3. 助企业成长也就是助自己进步

很多人初入职场在经历"菜鸟期"的时候，发现只需要提升自己的各方面能力就能够获得进步，能够在职场中迎头赶上不少人。不过，他们往往会很快遇到自己的第一个瓶颈期，而此时会发现能力的提升变得十分困难，各方面客观条件的支持也开始匮乏起来。这时，就应该意识到，一个职场人要想不断在职业道路上获得进步，除了需要自己努力，自己身处的企业平台能否有更广阔的前景也十分重要。

其实企业和员工个人的关系就是"企业与我共命运，我与企业共成长"的关系、是鱼与水、是瓜与藤的关系。只有企业发展壮大了，员工才能得到更大的发展。只有认识到这一点，员工才能在工作中赢得赏识和尊重，才能为个人事业的成功铺平道路。"爱我企业、强我企业"，是一个崭新而又古老的话题，也是我们坚守企业这个阵地的信念。因此，置身企业，就要牢固树立"爱我企业、强我企业，你我责无旁贷"的理念。作为企业的一员，就应该全身心地为企业的做大做强担起一份责任、献出一份忠诚、贡献一份力量，为它的生存发展献出自己的一切，为企业的兴旺发达添砖加瓦，为企业的做大做强添锦增辉。

2000年，王树红还是镇政府机关的一个公务员，但一次突然的任命改变了她略显平凡的机关工作历程。

"我们和中国科学院有个关于压敏电阻的合作项目，需要一名企业经理，决定派你过去。这是镇党委非常重视的高科技项目，你别无选择，一定要做好。"领导的一席话让王树红一时之间有点懵。

王树红有点迷糊地走出了领导的办公室。

"高科技？压敏电阻？"王树红在回家的路程中，脑子里一直盘旋着这些问题。实际上王树红大学学的物理更偏向于理论上的知识，而这些具体的产品，大学课程上根本没有。对于压敏电阻的认识，王树红也仅仅停留在名称上。

不过，在王树红看来，这个任命是任务，更是领导对自己的高度信任。她没有退路。

"干吧，也许我能行！"自小倔强的王树红暗自下定决心。这时的王树红还没有意识到，她下的这个决心将面临多大的考验与困难。

同年4月7日，王树红离开了熟悉的政府机关，开始了成立中科天力电子有限公司的筹备工作。

第五章　将使命感根植于心，与企业共进退

起名字、办工商税务登记、选择经营场所、招工、从中科院力学所搬设备和库存产品、与力学所技术负责人沟通，这些琐碎的事情都是王树红一人包办。累是累点，但王树红看到企业的框架已经逐渐搭起来了，心中的一块石头也落了地，"总算没有辜负领导的期望，等企业运转起来，一切就都会变轻松的。"王树红暗自安慰自己。

然而事情并不简单，力学所搬过来的只是一些设备与产品，没有任何技术资料，没有任何产品认证，也没有任何资格证书。力学所的技术负责人还不太愿意配合她的工作。就像某些电视剧一样，跌宕起伏令人意想不到的情节出现了。

历经半年，在花费大量资金、人力全力维修旧设备、试生产、学习技术、渡过难关后，企业终于粗具雏形。正在王树红和公司的员工们雄心勃勃地做产品认证、ISO9000认证、接触客户，并准备大干一场时，从专业机构和客户方面反馈回来的信息却给了他们"当头一棒"。

"你们未来的生产量与企业规模太小了吧，这样的量产标准根本没有竞争力。"专业机构如是说。"你们的产品不合格，存在一些无法解决的缺陷。"这是客户的回应。

真的有什么问题吗？王树红开始了自己的"疯狂学习之旅"。参加全国电子产品展、参加敏感元器件与传感器年会、参加压敏电阻学会年会，还到同行企业参观，请教一切自己能找到的专家。不幸的是，猜想被证实了。原来，压敏技术是20世纪60年代最早由日本松下公司率先发明的，至90年代，我国压敏电阻技术水平已经实现了质的飞跃，而当时（2000年）力学所给的设备却还是八九十年代的老设备，已经被市

场淘汰了。其他同行厂家已经在设备、技术、产品性能、产量上实现了大幅度的飞跃，王树红的产品根本不可能有太广泛的销路，除非进行大规模的设备、技术更新，而这需要大量的资金投入，是非常不现实的。

2002年的9月，公司成立两年有余，已经花费了大量的资金，而企业却面临着灭顶之灾！生存还是毁灭，王树红心中面临艰难的抉择。

"难道对领导说，当初的决策是错误的，因为不懂技术，所以你们被人骗了？"王树红暗想。难处是值得同情，但领导对这个高科技企业抱有巨大的期望。万般无奈的王树红，在朋友的推荐下参加了专注于中小企业培训的易中创业公开课。在认真上完公开培训课后，王树红已经知道要怎么做了！

"市场快速变化，我们企业需要的是勇敢面对。因为你几乎无法改变别人，你唯一能够改变的是自己。"想起公开课上的内容，想到当初投入的心血，王树红还是决定改变公司的经营模式，找一条生路继续活下去。"改由OEM核心基片，自己做后道加工，不与压敏制造同行竞争，而转向压敏应用市场及过电压保护解决方案市场，并且开发出自己的新产品——电涌保护器系列产品。"在与公司几个得力同事的共同研究下，王树红确定了企业转型的方向。

转型策略很快见到了效果，2002年底，王树红的企业已经实现了收支平衡，年收入也稳定

助企者
必自助

在百万左右。初步稳定下来后，王树红又开始研究压敏电阻的

第五章　将使命感根植于心，与企业共进退

上下游产品，并很快确定了企业的另一个相关产品——低压成套产品。也因此，2004年，王树红领导的中科天力获得了飞速发展，年销售额达到了750万元。

～～～～～～～～～～

企业与员工其实在面对风险和挑战的时候，往往都不一定能够独自对抗，唯有互帮互助，才能够为自己赢得生存的机会。王树红在面对她并不擅长的压敏电阻项目时，虽然困难重重，但是想到这个项目领导对她寄予了厚望，加上她自己不服输的精神，于是仍旧想尽办法，克服产品研发中困难。当企业面临重重危机，打不开局面的时候，她没有选择放弃，也没有离开企业，而是不断提升自己，帮助企业渡过难关，最终实现了与企业共同进步。

大多数员工都是默默无闻的普通人，没有惊人的业绩，没有耀眼的光环，平时也许不善言辞，不大说话，按时上下班，遵章守纪，努力工作，非常平凡。但依靠这种敬业奉献的执着追求，就能在平凡的工作岗位上为企业贡献自己的力量，与企业一同成长。而企业的稳定、发展、强大，归根结底是要靠这些中流砥柱，当每一个员工的肩膀上的责任凝聚起来的时候，就形成了"众人拾柴"的企业责任，如果每个人都能把这份沉甸甸的责任放在肩上，企业的发展就会非常顺利，非常稳定，员工也就会因为企业这个大平台的发展而受益匪浅。

企业与员工是一个共同体，企业的成长与强大，来源于每个员工的努力。而个人的发展依托于企业的平台，所以每个员工都应该带着强烈的使命感和充满热情的积极的态度主动地去工作，为企业贡献自己的力量。

每个员工其实都是企业这个大家庭中的一员，虽然职位、岗位、工种各有不同，能力有大有小，但无论是谁都应为其增砖添瓦且不遗余

力,而不能"背靠大树好乘凉",因为你我是这个家的一员,你我责无旁贷。

4. 集体利益至上,你才能身披荣耀

通常,员工只有与企业共同实现进步,才能够在职场上走得更远。其实,员工与部门、与团队之间的关系亦是如此。每个员工在企业中的工作实际上都并非完全"孤立",通常我们都是与自己所在的部门或是团队中的其他员工,共同合作去完成企业交给的某项复杂任务。而只有集体中每一个人都以集体利益至上,才能够最终通过合作实现优异的工作成绩。

如果把一个团队看成一部精密的机器,要想保证这部"机器"得以正常运转,让团队合力实现最大化,就需要团队中每个岗位上的员工都相互配合,朝着同一利益目标去努力,而这一目标就是团队的整体利益。因此,每个员工无论身处哪个岗位,都应该谨记团队利益高于一切,当自己的个人利益与团队利益发生冲突时,要把保证团队利益放在第一位。

团队利益是个人利益的基础和保障,只有当团队利益得到满足,个人利益才有可能得到实现。

首先,团队利益是从团队中每个人共同的利益中孕育而生的。一说到团队利益,有人可能立刻就会认为团队利益就是帮助企业实现某些利

益，而并不注重团队中每个员工的基本利益。这样的认识实际是错误的。团队利益其实就是对团队中每个员工的共同利益进行"提炼"而产生的，并非只为了满足企业的利益。因此，只有团队利益得到了满足，团队中每个人最根本的利益才能得到基本满足。

其次，实现团队利益是实现个人利益的前提。你可能听过这样一句话：锅里有了碗里才有。而团队利益实际上就是"锅里的食物"，而个人利益就是每个人"碗里的食物"。倘若锅里什么都没有，那么团队中的每个人当然也不可能在自己的碗里获得什么。只有首先保证了团队利益，团队才能够创造出远比任何个人都更大的价值，而团队中的每个员工才能受益于这创造出的巨大价值，实现自身利益的满足。

最后，最大化团队利益才能最大化个人价值。很多人都知道评判一个员工对企业具有多大价值，并非以他能给自己创造多大利益作为标准，而是要以他给所在团队带来了多少深远影响作为评判标准。因此，如果想要更好地表现自己对于企业的巨大价值，你就要尽力保证团队利益的最大化。只有这样你的工作才更有意义，微小的个人能力才能被团队所放大，被他人所瞩目。

王力是公司的高层领导，董事局成员。10年前，他还是公司的一名普通员工。他的发展历程就是"个人得失永远低于公司利益"思想的最好展现。而他现在的地位，则证明了这种思想在个人发展中的作用。

王力进入公司时，公司刚刚起步，不管是人才储备、产品技术还是市场占有率都在业内毫不起眼。当时，在公司负责人的领导下，王力和伙伴们一起为公司的发展竭尽全力。那时他们就有这样一个认识：公司哪里需要他们，他们就往哪里去。

最开始,王力是一名车间工人,可因为他有一定文化基础,所以上司决定安排他脱产进修。当时一线工作每个月能够拿到近千元工资,而脱产进修后每个月只能拿到数百元补助。可是王力毫不犹豫地听从了公司的安排,收拾行囊离开了公司。

王力学习的是行政管理,在进修结束回到公司后,他把自己的全部才能都奉献给了公司。可就在他有望提升到上一级管理部门时,他又被安排去了销售部门工作。这不仅是前所未有的挑战,也意味着他要从头干起。令公司上下感到敬佩的是,王力仍然没有拒绝,而是一头就扎进了销售部,苦心钻研,认真学习。为了尽快掌握各种销售技巧,他甚至不惜向比自己资历浅得多的"小员工"求教。很快,一个王牌销售经理又出现了。

"我的利益永远没有公司重要。为了公司我可以牺牲一切。这是因为,公司成长的同时也意味着我会获得更大的进步!"晋升为中层领导后,王力曾经在大会上这样说道。他的努力并没有白费,现在他已经得到了更广阔的发展空间。

王力能够屡次放弃眼前的个人利益,听从团队安排,为团队的发展尽心尽力,就是因为他深明"个人利益应该永远服从团队利益,而团队利益又永远都会帮助个人发展"的道理。对于企业中的每个员工来说,只要能够认清这一点,那么也就能认同集体利益永远高于个人利益这个观点。

个人利益和团体利益从根本上说是一致的。一方面，个人利益是团体利益的基础，没有个人利益的实现，就没有团体利益的充分发展；另一方面，个人利益又依赖于团体利益，团体利益是满足个人利益的保障和前提，是个人利益的集中表现。任何员工个人或员工群体的利益，都不能超越团队的整体利益。

身在企业之中，只有能够维护团队利益，具有强烈的团队荣誉感，学会顾全大局，以团队利益为重，甚至不惜牺牲自己的利益，最终才能让自己的个人利益最大化。只有团队强大了自己才能有更大的发展，而有这样想法的员工才有可能被真正地委以重任。

5. 铭记使命，不忘初心

随着工作时间越来越长，经历的事情也越来越多，有时当我们努力了一段时间并取得了一定成绩后，反而变得很难兴奋起来。这些工作成绩仿佛并没有激起我们心中的满足感，我们所走的职业道路貌似总是在某些时候就偏离了一开始的方向。于是我们开始反省，不停问自己是否还记得刚刚走上工作岗位时在心中立下的"誓言"。曾经的豪言壮语依旧在耳："我一定要成为这个岗位上最出色的员工""我也要像前辈们一样拥有最精湛的技术"。然而随着时间的流逝，我们的初心仿佛也被时间带走，开始追逐名利，开始为了眼前的得失斤斤计较，只想着为自己个人利益服务，最终偏离了原本的目标。

为了个人利益去努力创新进取不是应该更有动力吗？然而实际上，我们在工作中却变得越来越急功近利，反而出现了许多纰漏和错误，而且由于最初的目标偏离了，使命感也逐渐从心中消失。

只有不忘初心，一个人才能享受工作过程中的快乐与愉悦；也只有一个人用初心指引着自己的职业道路，才能够最终步入正途，向着一名优秀企业员工的目标坚定前行。其实谁都只是在不同的岗位上做着再普通不过的工作，但是只要保持初心、坚持梦想，再平凡的工作也能实现成果斐然的创新。

38万千米，是"嫦娥三号"从地球到月球的距离；0.16毫米，是火箭发动机上一个焊点的宽度。0.1秒，是完成焊接允许的时间误差。在中国航天，53岁高凤林的工作没有几个人能做得了，他给火箭焊"心脏"，是发动机焊接的第一人。

现在，他又在挑战一个新的极限——为我国正在研制的新一代"长征五号"大运载火箭焊接发动机。焊接这个手艺看似简单，但在航天领域，每一个焊接点的位置、角度、轻重，都需要经过缜密思考。"长征五号"火箭发动机的喷管上，就有数百根几毫米的空心管线。管壁的厚度只有0.33毫米，高凤林需要通过3万多次精密的焊接操作，才能把它们编织在一起。焊缝细到接近头发丝，而长度相当于绕一个标准足球场两周。

高凤林说，在焊接时得紧盯着微小的焊缝，一眨眼就会有闪失。"如果这道工序需要十分钟不眨眼，那就十分钟不眨眼。"

高凤林的专注来自刚入行时的勤学苦练，航天制造要求零失误，这一切都需要从扎实的基本功开始。发动机被称为火箭的心脏,对于焊接工作来说,一点小小的瑕疵就可能导致一场灾难。因此,焊接不仅需要高超的技术,更需要细致严谨。动作不对,呼吸太重,焊缝就不均匀了。从姿势到呼吸,高凤林从学徒起就接受最严苛的训练。带上焊接面罩,这只是一个普通的操作动作,但是对高凤林来说,却是进入到一种状态。

每每有新型火箭型号诞生,对高凤林来说,就是一次技术攻关。最难的一次,高凤林泡在车间,整整一个月几乎没合眼。

高凤林技艺高超,很多企业试图用高薪聘请他,甚至有人开出几倍工资加两套北京住房的诱人条件。高凤林说:"诱惑还是比较巨大的,你说谁能不心动,都是人。"妻子也劝他,说"给房子给车,你就去呗"。但高凤林最后还是拒绝了。高凤林说,每当看到自己焊接的发动机把卫星送到太空,就有一种成功后的自豪感,一种完成使命的自豪感,这种自豪感用金钱买不到。他始终都没有忘记站在这个岗位上的第一天,他心中所怀有的使命。

正是这份不忘初心的使命感,让高凤林一直以来都坚守在这里。35年,130多枚长征系列运载火箭在他焊接的发动机的助推下,成功飞向太空。这个数字,占到我国发射长征系列火箭总数的一半以上。

怀抱着最初的理想和初心去工作往往能够让人实现令人惊异的突破,从而大大提升自己的工作能力与水平,高凤林正是铭记初心,用梦想给现实涂抹上更绚丽的色彩,最终让他的工作被世人所铭记和赞扬。其实对于每个人来说,能够做到如此,才能在自己的工作岗位上通过创新绽放出夺目的光芒,成为职场中的精英人才。

在工作中努力去寻找那些能够让人心动的东西，这一过程能让人在工作过程中逐步达到忘我的境界，进而迸发出巨大的潜能和动力。其实每一件工作都有它让人心动的地方，很多人缺少的只是发现的眼光。当你第一次完成一件从未完成过的工作时，当你又一次实现了能力上的突破时，当你做出的工作成果受到赞美时……只要你努力去寻找到这些能够让你心动的瞬间，就能够在工作过程中越来越投入，越来越享受，并且拥有越来越强的使命感。

除了要去发现工作中让你心动的东西外，还要尽可能在工作中投入自己的真挚情感，这样你甚至能够让自己的创新工作感动他人，感动世界。有些人总是对自己的工作保持着一种"冷冰冰"的态度，就好像不是为了养家糊口根本不会去做一样。这些人往往一辈子都与成为一名优秀员工无缘。而当一个人将自己最真挚的情感投入到工作中时，他就会像对待自己最好的朋友一样去对待工作，在工作过程中用心与之进行"沟通"，这其实就是强大使命感的一种体现。

而如果你能够更进一步，在给工作注入情感的同时还将自己的梦想寄托在工作之上，那么就可以说你绝对能够做到在工作中不偏离目标，始终保持初心。当一个人将工作与梦想有机结合在一起时，就能够不自觉地在工作中保持自己最大的热情和努力，因为完成工作实际上就是在完成自己的梦想。而做到这一点，你就不会在自己的职业道路上偏离正途，因为梦想将成为一盏明灯指引前行的方向。如果投入情感让你在工作过程中充满感动，那么注入梦想就会让你保持坚定的信念。

当一个人在一件事情上始终能够保持初心，他往往能够在做事的过程中不偏离正确的轨道；当一个人在为自己的初心努力时，任何挫折与困难都不再是难以逾越的鸿沟。不妨试着找回自己当初的梦想，用梦想来引领自己前进的方向，你最终将走出属于自己的职场精英之路。

以企为家，找到归属感融入企业大家庭

在你的一生中，工作单位恐怕是除了家以外最常出入的地方，可以说企业是每一个职场人的另一个"家"。而要想真正融入这个"家"，从心底把它当作"家"，你就必须在企业中找到"家"一样的归属感。

1. 提升归属感，解除工作中的后顾之忧

当一个人进入崭新的环境时，总是会顾虑重重，这是人的本能。当我们步入一个崭新的工作环境或工作岗位后，也会这样，无法将全部精力投入到工作中去。而探寻造成这种原因的根源时，就会发现原来是由于自己在短时间内缺乏对新集体、新岗位的归属感，从而有后顾之忧。

归属感是一个外延广泛、内涵丰富的概念。从表层而言，归属感体现为一种满意度，简单来说就是指一个人对他所从事工作的态度。工作满意度高的员工会对工作保持积极的态度，表现为工作高度投入、主动性强、工作效率较高；对工作不满的员工则会对工作持消极的态度，如推卸责任、逃避承担更多工作。适度挑战性的工作、公平的报酬、支持性的工作环境、融洽的同事关系都是影响工作满意度的因素。

深层挖掘归属感的内涵，就会发现它不仅仅是一种满意度，更表现为一种团队意识、创新精神的发挥以及主人翁意识、个人能动性的体现，是员工价值观和企业价值观的高度统一。只有当员工的个人价值观和企业的价值观得到了某种程度的统一，员工感到自己的理想能与企业的实际结合起来，才会有事业成就感、有与企业一起发展的渴望，才使员工有理由相信，自己的价值会在企业的运营中得到实现，才能使员工决心将自己融入到企业中去，以企业的利益为自己行为的导向，归属感才会随之产生。那种被企业需要、尊重的感觉会不断激发员工的使

第六章 以企为家，找到归属感融入企业大家庭

命感。

几乎所有的职场人都是如此。当企业有经营困难时，有归属感的员工更能不离不弃、与之共渡难关。一旦员工对企业产生了"依恋心""归属感"，就会撂不下手中的工作，离不开合作的团队，舍不得未完的事业。如果员工对企业不信任、欠缺对团队的归属感，他们就不可能以在团队中工作为傲，工作的热情和实力都不会被完全激发，只是为"工作"而工作，只会"做完"工作而不是"完成"工作。为了确保竞争和发展，就会有另一种情况产生，那就是他们跳槽的可能性相对增大，导致双方的稳定和长期发展得不到保障。

可见，归属感对于一个员工能否全身心投入到工作中有着重要的意义，可以说没有归属感，任何人也无法在岗位上做出成绩。

那么如何才能尽快提升自己的归属感呢？这就需要了解归属感究竟是如何形成的。人的归属需要具有多向度和多层次性，归属感的形成是一个由浅入深、渐进互动的过程，它可以分为三个层次：

首先是个体通过各种信息途径对企业有一个大致的了解，如果企业的薪酬、福利等物质利益和企业的各种文化、价值观等意识形态符合个体的价值标准，个体将义无反顾地加入到企业当中。

接下来，个体开始了一个对企业全面认知、熟悉的过程。企业通过对员工进行一段时间的培训，使员工逐渐感受、感知、熟悉、适应企业的各个方面，个体将对企业的经营理念、经营决策、企业精神和行为规范产生基本的认同感。

最后，随着企业对个体在物质上和精神上不断满足，导致个体对企业领导者的思维方式和企业的核心价值观产生了深层次的认同感，个体的安全感、公平感和价值感逐步提高，强烈的工作的使命感和成就感使得个体对企业的满意感不断增加，最终形成个体对企业的归属感。

归属感形成后，一方面加深了个体对企业的认同，另一方面个体将自发形成自我约束并产生对企业强烈的责任感，体现为个体的主人翁精神，并充分地、自觉地发挥个体主观能动性，最终为企业创造出巨大的价值。

归属感的培养是一个长期的、复杂的、动态的过程，是指由于物质和精神两方面的共同作用，使某一个体对某一整体产生高度的信任和深深的眷恋，从而使该个体在潜意识里将自己融入到整体中去，将该整体利益作为自己行事的出发点和归结点。员工的归属感对自己的发展尤为重要，能否使自己产生归属感，是赢得企业信赖，增强自己所在团队凝聚力和自身竞争力的根本所在。

2. 迅速融入企业文化

要想无后顾之忧地去专注工作，那么就必须尽快提升自己的归属感。而在提升归属感上，有一个十分可行的办法——迅速融入企业文化。

企业文化是一种力量，企业文化对企业兴衰将发挥越来越重要的、

第六章 以企为家,找到归属感融入企业大家庭

甚至是关键的作用。企业文化是企业精神活动的概括和总结,其核心是企业价值观。围绕这个核心,就产生出企业精神。它是企业所表现出来的总体风貌,体现出企业经营之道、企业风尚、企业员工的总体精神状态,是员工共同遵循的一种行为模式,共同遵守的职业规范。因此,只要能够迅速融入到企业文化中,就能够建立与企业一致的努力方向,深刻体会到企业的精神所在,自然也就更容易产生归属感。

当然,认同企业文化并不是仅仅靠嘴上说"认同"这么简单,还需要员工在工作中付诸实际行动。而要想在行动中让自己不断增强对企业文化的认同,不断将企业文化的核心理念根植于自己心中,首先就需要深化自己对企业文化的理解。

其次,已经对自己的企业文化有着正确、深入的理解以后,就必须在日常工作中以企业文化作为框架,让自己在工作中的决策和选择符合企业文化核心价值观的需要,用企业文化来指导自己工作中的一言一行,这是对企业文化认同的最重要一步。企业文化作为一种象征企业精神和内涵的力量,只有通过行动付诸实践,才能够对提升归属感产生真正的意义。在很多企业都有着这样的现象:员工虽然在嘴上说自己对企业文化有着认同感,然而在行为上却又处处与企业文化所弘扬的核心理念相悖。这种"认同"的方式实际上就已经徒有其表,这种员工也不可能真正对自己的企业、团队、岗位产生什么归属感。因此,唯有在一言一行上都严格以企业文化的大框架作为指导,才能够真正从内心对企业文化表示认同,在一次次工作实践活动中强化对企业文化的认识,将归属感深深植入自己的心中。

最后,想要进一步增强你对企业文化的认同感,将企业文化牢固树立成为心中的一种信念,还需要以极大的热情投入到对企业文化的建设和宣传活动中去。对一种文化最大的认同,莫过于发自内心地去宣扬这

种文化。试想，倘若你都不愿意付出努力去宣扬企业文化，又怎能说认同企业文化呢？同时，以真心投入到企业文化的建设和宣传活动中时，就会逐渐在心中蕴生出对企业文化更深的感情，产生对企业深深的热爱。有了这种情感，自然而然就能够巩固心中对企业文化的认同感，让自己更快地融入到企业文化当中去，从而产生更强的归属感。

如果这么说依然很抽象，那么下面这些在实际工作中迅速让自己融入到企业文化中去的方法或许更直观一些。

第一，把企业的核心价值观作为我们日常工作的基本原则。在企业文化教育活动中，要对企业核心价值观有全面、深刻的理解，这样在贯彻企业核心价值观的过程中，才能够保证自己所遵从的价值观是正确的，而非存在疏漏的。另外，在日常工作中，不管做什么事，都要时刻用企业核心价值观来提醒自己，要以不违背核心价值观为首要原则，这样才能通过每一件事去加深企业核心价值观在自己心中的牢固程度，也通过自己的行为来让自己进一步认同企业文化的核心理念。

第二，在日常工作中要求自己以遵守企业规章制度作为底线，绝不突破底线。一般来说，每个企业都会制定规章制度来维护自己的企业核心价值观，这些制度可以说就是每个员工的底线。因为企业规章制度所规范的是企业核心价值观中最基本的要求，也就是说一旦违反了这些规章制度，那么就等于突破了企业核心价值观的底线，连最基本的维护企业核心价值观都没有做到，更不要说弘扬它了。因此，要做到严格地要求自己在日常工作中，把企业的规章制度作为自己的底线，绝不越雷池一步，只有这样才能够做到将企业文化真正融入到日常工作中，让自己融入到企业文化里去。

第三，做每一项日常工作时，都要将企业文化所宣扬的理念贯彻于整个工作的始末。可能在工作的一开始我们还能够坚持贯彻企业文化的核心理念，时刻用核心价值观来提醒自己，规范自己的行为。但是当工作进行了一段时间后，或是在一些工作的细微之处，就会发现自己渐渐忽视了对企业文化的贯彻，这甚至会让我们在融入企业文化上功亏一篑。对于将企业文化的核心理念融入到日常工作这一过程来说，只要在日常工作中有任何没有贯彻企业核心价值观的行为出现，我们所做的其他努力就都变得没有意义了。因此，在日常工作中我们总是提醒自己要做到时时贯彻，事事贯彻，让企业文化所宣扬的理念融入到我们的每一个工作行为中，贯彻在心中，成为"条件反射"。只有这样，才真正可以说将企业文化融入到了自己的日常工作中，对于提升自己的工作成绩和弘扬企业精神都大有裨益。

第四，为了保证自己切实将企业核心价值观融入到日常工作中，还要建立自我监督机制。采用自评的方法，将各种保证企业文化融入进日常工作的方法和要求一一列出，并用自己的日常工作行为与这些要求一一进行比对，从而了解自己贯彻企业文化的程度，以及自己需要补足和改进的方面。这样，经过了一段时间的努力最终快速地融入到企业文化当中，让自己的归属感得到提升。

3. 在工作中培养"主人翁"心态

大部分在工作岗位上工作过一段时间的职场人都知道，企业作为一个庞大的生产组织，其生产力很大程度上是由企业的凝聚力所决定的。

假如企业中的每个员工都能够劲儿往一处使,那么企业也将在发展的道路上大步前行;而如果企业中缺乏凝聚力,员工像一盘散沙,企业就很有可能停滞不前,甚至出现倒退。员工知道,领导自然也知道这样的道理。因此,只有拥有"主人翁"心态的员工才是能够受到企业、领导重用的员工,才是能够真正在企业中找到极强归属感的员工。

对于每个职场人来说,谁都会希望自己身在一个具有强大凝聚力的企业,一方面这能够让自己获得更多发展机会,另一方面也能让自己产生较强的归属感和自豪感,激发自己自身的潜力。

而说到汇聚企业凝聚力,一方面需要依靠企业通过制度、激励策略等"被动"方式提升员工的凝聚力,另一方面也需要员工自己"主动"提升自身思想觉悟,培养自己的主人翁心态,争做企业的主人,让自己以高度主人翁意识投身到工作中去。

之所以说主人翁意识对于增强归属感有着重要的作用,是因为主人翁意识,是帮助你理顺企业内部生产关系、实现统一意志、集体奋斗的思想基础,也是充分调动你能动性、挖掘自身潜力、增强沟通能力、提高自身战斗力以不断适应岗位需要的重要因素。主人翁意识能够让个人目标与企业目标达成一致,主人翁意识同时还能够让个人利益和企业利益之间形成协调。当你把自己当作企业的主人,自然就会以企业利益作为首要追求,而把个人利益放在其次,这会让企业、领导、同事都对你产生好感。感受到的善意越多,你的归属感自然也就越强。

不过要想培养出主人翁精神,并不只是从意识上把自己当成企业的主人这么简单,而是以一种与企业血肉相连、心灵相通、命运相系的感觉,去做好每一件事情,去面对每一项工作,在每一个成功或者失败的经验里面,渗透出企业以及个人这种共同的精神气质。

第六章 以企为家，找到归属感融入企业大家庭

（1）做到企业事务我们知晓。

要想培养自己的主人翁意识，争当企业主人，首先就必须做到去关心了解企业中发生的事情。只有主动去了解企业每天发生的事情，才能够从中了解企业目前所处的状态，企业将要面临的任务和挑战。这样我们就能够调整好自己

的状态，与企业一起迎接将要到来的任务与挑战。此外，只有了解企业每天发生的事情，才能够发挥自己的主观能动性，对企业的发展产生自己的想法，并将这些想法在实践中进行尝试，进而通过自身的努力感染周围的员工，让每个人都自发参与到关心企业事，为企业出谋划策，进而提升自己所获得的归属感。

（2）做到企业制度我们参与。

每个企业都有自己的规章制度，而作为企业的员工，你除了要以身作则遵守这些规章制度外，也应该努力参与到规章制度的制定和优化工作上。既然你想要做企业的主人，那么自然也应该为企业制定出更科学的规章制度贡献自己的力量。而且作为企业的员工，你在帮助制定规章制度上还有着得天独厚的优势。由于你处在一线工作岗位，更容易发现规章制度在执行时可能存在的问题和漏洞，就可以提出相应的合理化建议，帮助企业制度得到更好优化，让制度更符合企业生产的实际需要。并且在这一过程中，广大员工集思广益，亲身感受到参与了企业的管理，在这种互动中你就大大增强了自己的归属感。

（3）做到岗位知识我们学习。

对于每个员工来说，体现主人翁意识的最好方式就是做好自己的本职工作，只有这样才能实际上为企业的发展贡献自己的力量，才能够对

企业和企业中的每个人说，我们把自己当作了企业的主人，因此我们会为企业在岗位上尽自己的最大努力。而做好本职工作的一个基础，就是掌握全面的岗位知识，并通过不断学习与时俱进，时时更新自己的岗位知识，让自己在岗位上发挥最大的作用。当你表现出这种学习的热情时，所有人都会对你把自己当作企业主人的精神深信不疑，你也就能将这种主人翁意识在企业中传播和弘扬。

（4）做到企业规章我们执行。

每个企业都需要依靠规章制度来规范员工的行为，从而实现企业管理和内控机制，让企业在一个良性循环中得到更好发展。作为员工，如果真正把自己当作企业的主人，那么就应该从自身做起，严格执行企业规章，保证企业内部的良性循环。倘若连企业最基本的规章都不去遵守，又怎能说把自己当作了企业的主人。倘若人人都不去遵守企业规章，那么企业内的员工就无异于散沙一盘，又何谈"家"与归属感。当每个人都在企业规章的约束下向着同一目标去努力时，每个人自然也就能够感受到强大的凝聚力和归属感。

培养主人翁精神不但是企业发展的根本动力，也是提升归属感的重要方法。在平凡的岗位上，每个员工都应该以企为家，把个人追求与企业发展紧密结合，充分体现自己的主人翁意识，盯紧企业发展目标，在工作中不断地超越自我，锻炼自己的能力、施展自己的才华、挖掘自己的潜力。只有通过自身的主动影响带动其他人，通过自己的岗位工作去激活整条战线，企业才能形成促进生产经营的生动局面，才能拥有强大的凝聚力，让每个身在企业中的员工都感受到极强的归属感。

第六章 以企为家，找到归属感融入企业大家庭

 4. 与企业一同实现共同使命

职场中的每个人想要实现自己的个人目标，都会为之不断奋斗努力，完成一项项摆在面前的挑战，通过一次次履行自己的人生使命，让自己越来越接近目标的峰顶。而企业若想实现企业目标，同样也需要不断奋斗进取，突破重重困难，完成企业所肩负的使命，方能获得发展。

要想尽快在企业中获得归属感，统一这种奋斗目标和使命就成为了一个绝佳的入手点。企业由员工所组成，因此企业使命当然也就需要员工来完成。有些人可能会认为，企业的使命与自己并不相关，自己只需要完成自己的人生使命，获取自身的个人目标就足够，其实不然，实现企业使命也同样是每个员工的个人使命之一。每个人都在自己的人生中扮演着多重角色，而这些角色赋予了人们不同的使命，只有将这些使命一一完成，才能够完成自己全部的个人使命。因此，唯有勇于担当，肩负企业赋予我们的使命，才能够让自己的个人使命得以完成，人生更加完整，自身得到更长足的进步。

可能此时有人会问，那如何知道自己是否肩负起了企业的使命，如何才能够将企业的使命更好地完成呢？这就需要你从企业文化所传达的企业精神中获取。每个企业都会通过企业文化来传达企业将要赋予员工的使命，例如企业要以服务广大客户作为第一要务，企业要以为国家创新科技作为首要目标，等等。在这些企业文化所宣传的精神中，可以了

解作为企业中的一名员工,你需要肩负起怎样的使命。

当然,仅仅知道自己的使命是远远不够的,还必须勇于承担这份使命,把它当作自己的个人使命来努力完成,只有这样才能够让企业完成自己的使命,获得成长和发展的空间,也才能够让自身通过完成企业使命来获得提升和历练,展现自身价值,更好地完成自己的个人使命。

不过实际上,想要做到这一点并不容易。你将用很长一段时间——半年,一年,甚至更长——从"个人主义"的不良认识中转变过来,才能真正让企业文化浸染内心深处,这主要是由于在当时并不知道哪些才是让自己能够主动自愿与企业完成共同使命的关键点。不过,现如今我们已经总结出来三条以最快的速度将自己的使命与企业使命相统一,让自己在与企业共同完成一项使命的过程中,迅速激发自己的归属感的方法。

首先要认同企业文化所传达的企业使命,并愿意为之付出自己的努力。任何一个员工,在做一件事情时都需要足够的动力,而认同感则是产生这些动力的基础。倘若做不到对企业使命的认同,那么又怎么会心甘情愿为之付出努力呢?因此,你必须要正视企业的使命,对企业的使命有正确的认识,认识到帮助企业实现使命的重要性和长远意义,只有这样才能够以对企业使命的认同感来激发自己内心的动力,为了完成企业使命而尽自己的一份力。

其次,要了解自己需要通过哪些途径来完成企业的使命。企业使命是企业生产经营的哲学定位,也就是经营观念。企业确定的使命为企业确立了一个经营的基本指导思想、原则、方向、经营哲学等,它不是企

第六章　以企为家，找到归属感融入企业大家庭

业具体的战略目标，或者是抽象地存在，不一定表述为文字，但却影响着企业的决策和思维。因此，想要更好地完成企业的使命，需要在工作中秉承企业的经营观念，保持与企业一致的价值观，努力维护企业的形象。例如，在进行一项工作时，考量自己的工作方式和决策是否符合企业的经营观念，对于工作过程和结果的看法是否与企业保持一致，行为是否在维护企业的基本形象等。只有这些方面都与企业文化所传达的精神保持一致，才能够确定自己肩负起了企业的使命，并通过自己的行动努力完成它。

世界优秀企业所宣扬的企业使命：

迪斯尼公司——使人们过得快活

荷兰银行——透过长期的往来关系，为选定的客层提供投资理财方面的金融服务，进而使荷兰银行成为股东最乐意投资的标的及员工最佳的生涯发展场所。

微软公司——致力于提供使工作、学习、生活更加方便、丰富的个人电脑软件

索尼公司——体验发展技术造福大众的快乐

惠普公司——为人类的幸福和发展做出技术贡献

耐克公司——体验竞争、获胜和击败对手的感觉

沃尔玛公司——给普通百姓提供机会，使他们能与富人一样买到同样的东西。

IBM公司——无论是一小步，还是一大步，都要带动人类的进步。

麦肯锡公司——帮助杰出的公司和政府更为成功

华为公司——聚焦客户关注的挑战和压力，提供有竞争力

的通信解决方案和服务，持续为客户创造最大价值。

联想电脑公司——为客户利益而努力创新

万科——建筑无限生活

最后，必须时刻保持勇于担当的责任心，只有时刻保持对企业高度负责的心态，才能让自己的工作不仅仅是为了养家糊口，更是为了实现企业使命，让企业使命与个人使命达成统一，让两种使命同时得以更好完成。当然，责任心和使命感并非一朝一夕就能养成，这需要我们以企业文化的核心精神作为指导，在日常工作中时刻提醒自己是否遵循了企业文化所宣扬的理念和准绳，是否切实将企业文化核心理念落实到工作中的一言一行当中。只有在工作中的一件件小事上提醒自己，约束自己，才能够形成高度的责任心和使命感，才能够在履行企业使命的同时让企业文化也得到弘扬。

当你能够自觉、自愿地与企业站在一起为了共同的使命而奋斗时，你其实就已经把企业当成了"家"，而在"家中"你还怕找不到归属感吗？

5. 爱企如家，把同事当"家人"

当你拥有工作的同时，便有了同事，不管你愿意不愿意，喜欢不喜欢，工作由不得你选择，同事更由不得你选择。当我们选择了这个企

第六章　以企为家，找到归属感融入企业大家庭

业，爱企如家的激情会激励我们努力向前，我们自然而然就会把同事当"家人"。

同事，形形色色，有男有女，有年长的有年幼的，教育程度不同，家庭出身不同，脾气性格不同……太多的不同，却因相同或相似的工作，为了完成共同的任务而长久在一起。常言道：相见易得好，久处难为人。刚开始时，没有了解，没有成见，没有利害冲突，没有是非得失，自然看谁都好。但相处久了，了解多了，矛盾与摩擦就有了，有的同事成为朋友，有的则相处困难。

有的人会对同事有一些看法，张三太自私，李四太诡诈，王五人品不好，赵六不可交……真正能成为挚友的没有几个，感叹自己遇人不淑，其实这是心态问题。

> 张涛的一个同事的儿子结婚，因为同事在工作上给予张涛很大帮助，张涛理所当然地参加了他儿子的婚礼。张涛发现主管、迎亲、接亲、记账等都是同事们，他们个个忙得不亦乐乎，争先恐后，像自家的事一样跑前跑后，不见了平时的摩擦与矛盾，只见再平常不过的友情。

当我们的心态变了，眼光也跟着改变，再看同事就会变得顺眼，从而衍生出和谐的人际关系：主动关心他们的家人、生活、工作；主动提醒同事可能忘记的事；下班时看见谁的电脑忘记关就主动帮他关上，热心给他们提好建议，教给他们好的经验方法。

这样做以后，就会发现同事们的态度也转变了，也能够真诚地与我们进行沟通和交流，这让我们在工作中更容易解决问题，事半功倍。

其实单从时间和空间来考量的话，同事可能是最密切的人了，超过

了朋友，甚至也超过了家人。同事是被合并了的同类项，有好些共同点：顶同一个屋檐，穿同一种制服，守同样的规则，开同样的会，做差不多的事，领差不多的薪水。做了同事，就成了同一支球队的队员，同一条船上的船员，就会感觉亲近。

把同事当做家人，并非只是嘴上说说做个样子，而是落实到与同事相处过程中的实际行动，而要想做到这一点，就必须调整好自己的心态，注意日常工作中的一些行为细节。

（1）别再认为共同利益足以让你和同事保持良好关系。

不少职场人，尤其是一些所谓的职场"老油条"有这样的一个误区——在职场中只要有共同利益就足以维系同事之间的关系。不可否认，拥有共同利益是良好同事关系的一个组成部分，但绝不是唯一的。职场并非是完全没有"人情味"的地方，尤其是在中国这样一个拥有深厚人文底蕴的国家，同事之间也需要有感情上的"牵绊"。如果你能像对待家人一样用真情对待周围的每个同事，就会发现即便是跟你并没有什么利益关系的人，也会很愿意与你保持良好的关系。在职场中，谁与谁会产生共同利益，没有人能够预料，因此也没有人能够仅用利益去经营自己的人际圈子。但是感情却可以从你认识一个同事之初就开始培养，你们建立起的牢固关系，将使你在职场道路多一双可能的援手。

（2）去关心对于同事有重要意义的事情。

人与人之间的相处，最重要的就是真诚。而真诚的一大体现，就是你能否尽可能站在对方的角度替对方考虑。若想真正让同事觉得你把他们当作了"家人"，那么就应该多去站在他们的角度关注那些对于同事有重要意义的事情，不仅仅是工作上的，也可以是生活上的。如果你只是关心那些与你利益有直接关系的事情，往往会让同事觉得你与他不过是利益上的"朋友"，并非真正的朋友。你只有在一些与你没有任何好处的事情上也能切身实地为对方着想,才能让同事感受到真诚,认为自己真正被你当作"家人"。当然,这样的关心也要确保一个原则,就是不侵犯对方的隐私,给对方留有足够的个人空间。

(3)尝试对同事做一些家人间的"亲昵动作"。

人与人之间的感情有时非常需要用一些小的亲昵行为来维系。你与自己的家人一定也经常通过拥抱表示想念,通过拍拍后背表示鼓励,通过击掌表示祝贺。那么不妨在同事身上也用上这些肢体动作。有时一些再简单不过的"小动作",就能够让你一下子拉近与同事之间的距离。当然,在做这些动作时,一定要注意适度,尤其是对异性同事,不要引起不必要的误会。也可能你的一些同事并不喜欢过多的身体接触,那么不妨采用握手、点头致意等一些浅层的肢体表达,来增进你们之间的感情。

如果家庭意味着一个人的自然空间,单位就是一个人的社会空间。把同事当作工作给予我们的"额外补偿",把他们当作你的"家人",这不但能让你拥有一个好人缘,还能够大大提升你在企业中的归属感。

建立正确认知,让归属感骤增

如果你已经在职场中摸爬滚打了一段时间,却还在把企业、岗位仅仅当作一个工作场所,完全找不到归属感,那么不妨想想是不是自己的某些认识、看法出现了问题。当你把自己的认知调整到正确的方向上,你的归属感也就会成倍增加。

做有**责任感** **使命感** **归属感**的员工

🔍 1. 远离"天才混蛋"思想

几乎每一个职场人都在自己最初获得了巨大进步之后犯过这样一个错误：沾沾自喜，认为自己已经足够优秀，可以在工作中"为所欲为"了；无论取得什么样的成绩都是自己能力的体现，与他人没有一点关系。事实上，当这种想法出现时，很多人意识不到这种思想的可怕之处，只有在得到了一次又一次深刻的教训之后，才能够明白。

我们姑且称之为"天才混蛋"思想。这种思想一般出现在已经有一定工作能力和经验的人身上。有这种思想的人会盲目地认为任何功劳都是自己优秀能力的产物，而任何错误都与自己毫无瓜葛，抢功劳推责任。这样的人在企业中很难有立足之地，这些错误的想法也会限制自身的发展，最终被别人赶超。其实一个人无论能力高低，成绩如何，都离不开他人的帮助，恃才傲物在职场中是最愚蠢的行为。

做人之境界往往体现在一个人对成就的看法上。明白人皆知：一个人独享成果，是一种"吃独食"的心态，这样会引起其他人的反感，从而给下一次合作造成障碍。因此对待荣誉正确的态度应该是：感谢、分享、谦卑。

俗话说：有福同享，有难同当。你在工作和事业上取得成就当然是值得庆祝之事，你也应当为自己高兴。但是有一点，如果这一成绩的取得是大家的功劳，你千万别独占功劳，否则他人会觉得你好大喜功，抢占了自己的成绩。如果某项成绩的取得确实是你个人的努力,当然应该值得高兴,而且他人也会向你祝贺。但你也千万别高兴得过了头,一来可能会伤害一些人的自尊心,另一方面,现实社会中害"红眼病"的人不少,如果过分骄傲,难免让别人疏远你,领导也不会喜欢这样的员工,你又怎么可能在企业中找到归属感?

王刚毕业于北京某名牌大学,就职于一家策划公司。他的个人能力很强,是公司的得力干将,主持策划的几套企业方案为公司带来了很大的社会效益,一些中小企业常常请他帮忙做些形象策划,并付给他丰厚的报酬。按常理来说,王刚的资历和能力早该升到部门主管了,可到如今他还是个普通职员。在他眼里,公司里的人都是一些无能之辈,张三李四成了他评说的对象,王五赵六

没有人能独自成功

也不是他的对手,就连公司的老总他也不放在眼里,整天一副扬扬得意、高高在上的样子。由于他的工作能力强,公司领导想提拔他,可一到考核时,同事们都说与他不好共事,并表示不愿到他所负责的部门做事。就这样,王刚成了"孤家寡人",而老总一谈到他,也总是无可奈何地摇头说:"他就是恃才傲物,个性太强了。"

所以,当你在工作上有特别表现而受到肯定时,千万要记住一点——不要恃才傲物,否则你就等于是在孤立自己,也是在阻碍自己发展。取得成绩时,做到以下几点,就可以有效避免自己成为一个人见人

厌的"天才混蛋"。

第一，与人分享。即使是口头上的感谢也是一种分享，而且你也可以扩大这种"分享"的对象，事实上，别人倒并不是非得要分你一杯羹，但你主动与人分享，让旁人有受尊重的感觉。如果你的成绩事实上是众人协力完成，那就更不应该忘记这一点。你可以采取多种方式与人分享，如请大家吃几颗糖，或请大家吃一顿饭。别人分享了你的荣耀，自然很难对你抱有敌意。

第二，感谢他人。要感谢同仁的协助，不要认为这都是自己的功劳。尤其要感谢上司，感谢他的提拔、指导、授权。如果实情也是如此，那么你更该如此感谢。如果同事的协助有限，上司也不值得恭维，那么你的感谢也有必要，虽然显得有点客套，但可以使你避免成为他人的箭靶。为什么很多人上台领奖时，他们首先要讲的话就是："非常高兴！但我要感谢……"道理就是如此。这种"口惠"的感谢虽然缺乏"实质"意义，但听到的人心里都很愉快，也就不会妒忌你了。

第三，为人谦卑。有些人一旦获得成绩，就容易忘了自己是谁，并且自我膨胀。这种心情是可以理解的，但旁人就遭殃了，他们往往不好意思出声，选择忍受这种嚣张的气焰。可是慢慢地，他们会在工作上有意无意地疏远这种人，让其碰钉子。因此，当你在工作中取得了成绩，要更加谦卑。别人看到你如此谦卑，当然不会找你麻烦，和你作对了。

第四，千万别太把自己当回事。要相信一个团队、一个企业，缺少了谁都能运作，所有人都只是工作岗位上普通的一员，哪怕所处职位很高的员工，也绝非不可替代。

大学开学的日子，一个新生拦住了一个看门的大爷，让他照顾一下箱子。第二天才发现，这个看门的大爷，竟然是北京

第七章 建立正确认知，让归属感骤增

大学副校长、著名学者季羡林。这位学贯中西的学者，竟然能够如此放低自己，也许，这正是他成为当代学人榜样的原因之一。

美国杰出政治家本杰明·富兰克林，年轻时曾去拜访一位德高望重的老前辈。那时他年轻气盛，挺胸抬头迈着大步，一进门，他的头就狠狠地撞在门框上，疼得他一边不住地用手揉搓，一边看着比他的身子矮去一大截的门。出来迎接他的前辈看到他这副样子，笑笑说："很痛吧！可是，这将是你今天访问我的最大收获。一个人要想平安无事地活在世上，就必须时刻记住：该低头时就低头。这也是我要教你的事情。"

～～～～～～～～～～～～～～～～～～

这些故事真实而简单，但是它告诉我们，一定要学会认识自己，千万不要把自己看得太重。一个人可以自信，但不要自大；可以狂放，但决不能狂妄。

不把自己看得太重，其实是一种修养，一种达观的处世姿态，是心态上的成熟，心志上的淡泊。用这种心态做人，可以使自己更健康，更大度；生活更轻松，更踏实。

人一旦太把自己当回事，就难免会在一些不起眼的小事上纠缠，或者与人理论，要争个是非，每次一碰到事情就要较真，就要纠缠，最后不但无法辩个是与否，反而累及了自己，让自己感到厌烦、感到神伤、感到心碎。这样的结果只能说事与愿违，太把自己当回事，事事都要论个输赢，结果，不是跟别人过不去，也不是跟具体的事情过不去，而是跟自己过不去。

不把自己看得太重，就不会失重；不把自己放得太高，就不会失落。远离危险的"天才混蛋"思想，真正成为人才、精英，这样才能

够得到同事、领导的认可，在企业、团队中找到归属感。

2. 别只做企业的"劳动力"

往往有这样一些人，他们总是难以在企业中找到归属感。这并非由于他们不愿意专注于自己的工作，也不是不能把企业使命与自己的使命结合到一起，无法融入同事的圈子。他们之所以无法找到归属感，是因为一个看似好像与归属感毫无关联的因素导致的，那就是能力。

一个员工如果不能提升自己的能力，那么至多也只能成为企业的"劳动力"，无法让自己觉得企业的命运与自己息息相关，又何谈归属感呢？只有努力提升自己的能力，让自己的工作能够对企业产生一定影响，能够帮助自己的团队、同事获得进步，这样在工作中才能够感受到参与度，有存在感，才能逐渐产生归属感。

这里所说的能力其实就是你在工作中所表现出的职业素养。职业素养由四种主要的能力构成：

一是一般职业能力。一般职业能力主要是指一般的学习能力、文字和语言运用能力、数学运用能力、空间判断能力、形体知觉能力、颜色分辨能力、手的灵巧度、手眼协调能力等。此外，任何职业岗位的工作都需要与人打交道，因此，人际交往能力、团队协作能力、对环境的适应能力，以及遇到挫折时良好的心理承受能力都是在职业活动中不可缺少的能力。

二是专业能力。专业能力主要是指从事某一职业的专业能力。在求职过程中，招聘方最关注的就是求职者是否具备胜任岗位工作的专业能力。例如，你去应聘教学工作岗位，对方最看重你是否具备最基本的教学能力。

三是综合职业能力。综合职业能力指的是能够更好地完成工作所必须掌握的一些通用能力。例如应用多媒体和网络技术的能力，使用外语沟通的能力，开拓创新工作方法的能力，社会交际能力等。

当你在工作中培养自己的能力时，要做到将这三方面能力全面提高，不让自己的职业素养出现短板，这样才能够让你的综合能力得到增长，从而让自己的工作产生更大价值，让自己获得更多认同，大大增强自己的归属感。

要想在工作中有意识地培养自己的能力，仅仅依靠努力去工作是远远不够的，还需要掌握一定的方法。

第一，主动接受能够锻炼自身能力的挑战。在工作中我们经常会面临各种各样的难题，这些难题就是一个个挑战，只要在挑战中"胜出"，能力就能够得到提升。因此，当遇到困难时如果抱着能躲就躲的心态，等于自己放弃了进步的机会。要敢于直面挑战，通过自身的努力去战胜它。当战胜了困难和挑战后，就会发现它不再是我们职业道路前行过程中的阻碍，反而成为了我们成功的垫脚石。

第二，积极学习必备的知识，为提升能力打下知识基础。想要获得能力上的提升就离不开知识的学习，只有不断扩充自己的知识容量，才能够给予能力提升足够的基础支持。一个不学无术的人不可能具备强大的职业素养。

在学习知识的过程中，我们要把主要精力放在对以下四种关键知识的学习上。

一是基础知识。这类就是我们上面提到的那些不变的知识，这些知识无论在工作、学习还是生活中都是必要的，比如沟通、逻辑思维等毕生受用的知识。这个类目里的内容是需要我们长期坚持的。

二是职能知识。这类是那种工作上能够最直接体现能力的知识，是可变的。因为即使是在一家公司做到退休，职能也是常常会变化的，所以，职能知识也必须随之变化。比如今年做销售，那就将销售相关的技能放进去，明年工作变成了财务，那就去掉销售类的，加入财务类的。总之，这类技能实际上是需要花费大量精力去学习的，因为对于大多数员工来说，这些能力的提高代表了收入的提高。

三是储备知识。这一类属于职能知识的延伸，是我们的知识储备，这里面的内容代表了我们对未来的规划，它也是随着规划的改变而改变的。可以将那些"虽然现在用不到，但希望某一天能够用到"的内容放进来。比如现在是工程师，但希望能升职到管理层，那么可以将管理相关的内容放到储备知识类别里。

四是扩展知识。这类包含了我们感兴趣的东西，但并不建议将那些消遣的东西比如游戏之类的放进去。这里面应该是可以让我们开阔眼界的，某种程度上，也是其他知识的一种催化剂，比如哲学、美学、社科类等，虽然这些知识无法带给我们可见的、直接的收益，但会让我们成为一个更有趣、更博学的人。

第三，不要忽视对人际交往能力的提升。如今是一个讲求合作的时代，越来越多的工作需要我们与其他同事或合作伙伴共同完成才能够达到事半功倍的效果。因此人际交往能力的重要性已经超过了之前任何一个时期。在努力提升自身能力的过程中，千万不能忽视人际交往能力，在人际交往能力的提升上付出一些努力绝对是物超所值的。

除了要培养自己的能力之外，还要努力去比企业要求的多做一点，

第七章 建立正确认知，让归属感骤增

这样才能够从被动工作转化为主动工作，通过主动性带动心理的变化，让自己从自认为的"劳动力"转变成为企业真正的主人，从而获得归属感。

"比企业要求多做一点"是一种坚持，也是一种执着的信念。虽然自己职责范围以外的事不是义务，但是你却可以选择自愿去做，来驱策自己快速前进。这是一种极其珍贵、备受重视的素养，它能使企业把你真正当作"自己人"，也能让你把企业看成是自己的"家"，从而让自己获得极大满足感与归属感。

王敏，TCL王牌电器（惠州）有限公司主任工程师，曾被评为惠州市仲恺高新区2014年度首席技师。让人惊讶的是，她先前的职业却是与机械技术毫不相干的护士。从一名护士变成技术人员，再成长为首席技师，这样的历程也许可以很好地解释什么叫"十年磨一剑"。

从护士成为一名技术人员，难不难？"其实只要肯下功夫去学，虚心向人请教，多花时间钻研，也没有什么难的"，王敏这样总结。

1997年，王敏毕业于当时的安徽六安卫生学校，随后分配到了安徽省客车总厂的附属医院，成为一名护士。当时，一同进厂的还有7个其他学校的男生，被分在了生产线工作。

彼时，企业改制在全国如火如荼，厂里人心不稳，不断有人到南方打工。一年以后，这7个男生都去了南方，其中一个在东莞某大型模具厂工作，该厂是当时家电模具行业的领头

羊。"这边好缺人，要不你也来吧。"同事这样劝她。王敏说，当时自己很年轻，一心想着到外面去闯一闯，就这样，当了两年护士之后，她就到了东莞这个模具厂工作。

由于没有技术，一开始老板想让她做文员，但她提出想学一门技术。恰好当时也缺技术人员，老板就让她学模具设计。当时的模具厂已经用电脑设计。于是，王敏从电脑的基本知识学起，再到利用软件描图、绘图，到最终的模具设计。每天从早到晚就泡在学习里面，"学了几个月才能做一点事情"。

2000年，模具厂花100多万元买了一台日本进口的牧野火花机，要编程才能操纵。买来了却没人会操作，老板觉得王敏学东西比较快，便把这个任务交给了她。此时，她只有很基本的电脑知识，根本不懂编程语言，这又得从零开始。好在王敏的钻劲足，肯下狠工夫，和日本专家、翻译学了几个月就可以熟练操作机器了。

不到一年，有一天老板告诉她，已经把买这台机器的钱赚回来了，因为有了这台机器，产品再也不用送到其他地方去加工了。

王敏说："成功没有秘密，只有努力做得多一点。"要不断学习，这是一个一以贯之的过程，不能停，要不断提升自己。同时，不要嫌事情小就不做，小事情做到最好，才可能去做更大的事情。

当王敏作为首席技师的代表，站在仲恺高新区的领奖台上发言时，丝毫看不出，这个一头短发、一身工装、脖子上挂一个工作牌的女子和其他人有什么不同。从一个没有任何技术基础的女性，成长为一名首席技师，其中有什么秘密？

第七章　建立正确认知，让归属感骤增

王敏的回答是，没有秘密，优秀就是在任何事情上，比要求的多做一点点。在工作和生活中，要敢于尝试、敢于创新、敢于突破。

～～～～～～～～～～

其实，能够做到在工作中比企业要求的多做一点的人寥寥无几，这并非一种十分容易养成的习惯，需要通过在工作中不懈努力，不断提高自己的思想觉悟才能做到。

首先，不要认为在"8小时"内的努力就够了。很多职场人都认为只需要靠工作时间内的努力就能够收获成功。其实不然，8小时内干好工作只是最基本的要求，只能说是一个合格的工作者，但远不是一个卓越的工作者，更别说能成就一番自己的事业。世界上天才很少，靠灵光一现是很难获得成功的，成功的关键往往是比常人多付出。有研究表明，人和人之间的差距，大多不是在上班时的8小时之内形成的，而是在8小时之外。

其次，多干活并不是"吃亏"。扎实能干在任何时候都是一种能够让我们立足职场的重要因素。在工作中阻碍我们进步的最大原因就是不肯多出一点力气。其实不妨这样想，如果有充裕的时间和精力，那么什么都不去做才是一种浪费，哪怕多做一些事情并不能获得既得利益，但是也总比让时间和精力白白浪费好得多。如果我们消耗的是体力，第二天一觉醒来就会自然恢复。如果消耗的是脑力，大脑会越用越灵。命运的天平是公平的，多干活看似吃亏，但其实是在逐步增加成功的砝码，也是赢得上司欣赏的最佳途径。

最后，任何时候都不要抱怨自己的工作，热爱是多做一点的前提。无论对工作采取一种什么样的态度，不容置疑的是，工作是生命中最重要的事情，并由此衍生关联到方方面面。要意识到我们所有的工作都是

为自己做的，是工作让人生更有价值更美好。大凡能成就一番事业者，多是无论从事哪个岗位的工作都能够投入热爱、从不抱怨的人。如果一个人能够把本职工作当成事业来做，那就成功了一半。缺少了热情，只是把工作当成养家糊口的手段，自然不愿意在工作中多做一点，也就很难获得成功。

不断提升自己的工作能力，争取比要求的再多做一点，这不但能够更容易取得成绩，同时也更能拉近与企业、领导、同事之间的距离，当外界各种因素都向你投来善意时，你也就能感受到更多归属感了。

3. 职场本就不公平，这并非企业的错

在实际工作中每个职场人都经常会遇到一些自己感觉不公平、不合理的事，也会思考如何应对这样的事情。是一味地忍让接受呢，还是据理力争呢？其实忍让接受也好，把事情弄个明白也罢，最后，需要改变的都是自己。从自身多找原因，努力找出自己的不足，实现自我突破和自我跨越。

然而有些人却总是把自己遇到的不公平归咎于企业，于是他们开始怨恨企业，不愿意为企业继续效力，甚至是做一些伤害企业利益的事情。然而这样做的最终结果只是让他们自己受到了伤害，有时还连累了企业、团队，让其他人也跟着一起"躺着中枪"。

不妨仔细想想，所有的不公平都是企业造成的吗？其实未必，哪个

第七章 建立正确认知,让归属感骤增

企业不希望在企业内保持公平的氛围,而面对外部的事情更不可能"胳膊肘往外拐"。有些不公平可能本就是不可抗力,而有些则由于个人认知出现了偏差,认为不公平就不该出现在自己头上。然而实际上,无论在工作还是生活中,不公平都是普遍存在的,这也是符合社会属性的,只要不触犯法律、违背道德,就应尝试接受或改变这种不公平。

我国是一个人情社会,在企业管理中讲关系和人情的情况时有发生,在这样的背景下,很容易出现不公平。由于有利益存在,人人都想获得比较体面的工作岗位,都想获得比较荣耀的工作;同一个企业,不同的部门之间存在利益差异,因此,人人都想进一个适合自己发展又能获得可观利益的部门。然而,事实上不可能人人都称心如意,也许甲能力平平却能进一个好的部门,也许乙能力超强却落在了一个并不心仪的部门,这就会出现不公平。

那么如何看待职场中的不公平就显得尤为关键了,当遇到不公平时,如何不影响你在企业中的归属感,这才是面对不公平时我们更应该考虑的。

其实只要有私心,只要有利益存在,就会有不公平现象。既然不公平现象一时难以消除,就要考虑如何在种种不公平现象中,摆正自己的人生态度,发展自己,超越自己,使自己在不公平的环境下,依旧保持平和的心态。面对企业中出现的不公平,大多数人认为这是坏事,是对自己不利的方面。可有时正是那些不公平,才使你有了改变自我的勇气和力量,化悲剧为力量,岂不是更好?

首先,在感到不公平时要学会理性分析。很多职场人,遇到此类不公平的事情便四处闲谈,唯恐天下无人不知;抑或有些人,遇到不公平便情绪化宣泄,让领导难堪。这都不应是成熟职场人应有的作风,你需要用理性的头脑控制情感的流泻,客观分析问题产生的本源,这才能真

正让自己在不公平的待遇中减少损失甚至反而获益。

　　小军是公司里任劳任怨的员工，做事踏实能干，正因这份踏实，领导将更多的任务交给他。入职一年后，公司鼓励新员工出国深造，小军也在出国之列。而领导为了使国内工作进展顺利，拦下海外派遣申请书，将小军留在国内。国外工作的地方是景色秀美的欧洲，也是小军一心向往的地方，眼看同事们一个个将奔赴梦想之地，小军心如刀绞。小军也想找领导理论，也曾抱怨自己为啥干这么多，也曾暗自诅咒不公平待遇，过了几天，小军冷静下来，为没做出愚蠢的行为而庆幸。他理性分析了去国外与国内的利弊。国外无非环境好、工资高，但国内有更多资源，更容易建立人脉与培养技能。再说，公司有很多海外分公司，出国也是必然的事，何不利用刚工作的几年，认真踏实地干，让技术更精湛呢？

　　经过仔细的理论分析，小军工作更积极，与领导沟通更密切。领导本就对强留一事，抱有内疚，而小军的无埋怨，让领导更加坚信小军是可用之才。两年后，小军成为业务骨干，而在国外的同事一如刚培训完的大学生，技术一般。

如果小军只是一味抱怨，而不是仔细分析其中的利弊，甚至做出过激的行为，那么最终损失最大的就是小军自己。在工作中遇到不公平待遇，首先需要理性分析，切不可让情绪毁灭了前程。

其次，当你觉得自己受到不公平的待遇，一定要学会主动沟通，而不是自己闷头瞎想。有时事情的真相未必是所想那样，如果缺乏沟通只会让自己无意义地钻牛角尖。有时候你认定的不公平，可能是领导战略的需要。作为企业员工，尤其是基层员工，大部分人是没有全局观念的，这一点无需否认，因为全局观念是你必须成长到某个阶段，坐上某个位置才能够培养和锻炼出来的。很多时候，你误以为领导的忽视是对你的折磨，但领导可能从更广的维度权衡公司利益。此时，你若主动跟领导沟通，可能一切误解会自然化解。

再次，很多你认为的不公平实际上是自己能力不足造成的，而并非企业故意为之。若确定因为自己的能力不足而被区别对待，那此时你应该保持成长心态而努力提升自我，将悲痛转为奋斗的力量。

> 小罗收到领导嘱托准备参加公司内部演讲比赛，进入总决赛的人将代表公司参加市里的演讲比赛。小罗跟比赛评委私交很好，于是他认为志在必得。然而，比赛结果却是小罗无缘公司总决赛。小罗一度想质问那些跟他私交甚好的评委，但最终没做出过激行为。他遇见了评委之一的林华，林华告诉他，为了公司最终取胜，私交有时候要让步于集体利益。
>
> 小罗意识到不是自己的感情不够深，而是自己的实力无法为公司取得荣誉。从那以后，小罗不再敌视那些朋友，而是每天利用 5 分钟来锻炼发声及语气表达，这种坚持最终得到了回报。就在 1 年后的公司内部比赛中，小罗顺利进入总决赛。

不公平对待，其实有时候是自己的能力不足，只是很多人不想明说罢了。你要在貌似不公平之处，萌发出进步的力量。直到有一天，你无可取代，你身上的不公平将越来越少。

4. 规章制度是为了保护而非控制

国家治理离不开法律，企业管理离不开制度。制度是一个企业价值观的体现，是企业文化的重要组成部分，是一个企业的上层建筑。制度可以将企业的管理理念"化虚为实"，可以将企业价值判断充分转化为企业的日常管理，融化在管理或操作的流程之中，固化于职工的思维意识里。制度不仅总结企业的过去，规范企业的现在，而且很大程度上影响着企业的未来。作为企业中的一分子，如果你要想把企业真正当作"家"，真正获得归属感，那么就要正确看待企业中的规章制度，并自觉、自愿去遵守它。

然而提起关于把企业当作"家"的问题，一些人能够理解，自身也确实是这样做的，而有些人则很难接受把企业当"家"，认为自己并无法在企业中获得家一样的归属感。而当我们问及他们原因时，大部分人都会用这样一个理由反驳：我们在家可没有这么多规章制度管着我们，在家可比在岗位上自由多了。

这实际上是一种误区，谁说在家你就可以随心所欲？只是大部分人在家中的规矩并没有白纸黑字地写出来贴在墙上，但这并不代表家就不需要制度去管理。而企业作为一个"大家庭"，自然需要比个人的"小家庭"更多的规章制度以管理复杂庞大的人员群体。其实仔细看看那些规章制度，哪一条不是为了保证员工切身利益，又有哪一条是纯粹为

第七章　建立正确认知，让归属感骤增

了限制员工自由的呢？

作为企业员工中的一分子，我们每个人都应该对企业制度心存敬畏，把制度作为自己的行为准则，这是我们做到遵守企业规章制度、维护和建设企业规章制度的前提。只有这样企业的制度才真正能够惠及企业，惠及员工自身。

俗话说：没有规矩不成方圆。如果一个企业没有制度，在某一段时间也许能有所发展，甚至在某一阶段、某一件事情上还会显得很有效率，但是从长远和整体上来看显然是不行的。因为一个没有制度没有纪律的企业，事实上等于一个没有绩效没有生产力的企业。

首先，一个企业只有以制度保障作为前提，企业的生产力才能得到保障，而企业生产力是企业能否在竞争中得以生存的关键。作为企业中的一分子，企业拥有什么样的生产力往往也关系到这个员工的待遇与发展。企业的规章制度是通过前任经验的积累和对工作实际需要的科学总结而制定出的规则。它一方面能够起到约束、督促员工在工作中尽职尽责的目的，另一方面也能够通过要求员工遵守规章制度而保证员工在工作中的效率和安全。

其次，作为员工，只有受到了制度的约束，才能够在工作中少走弯路、错路，才能避免很多不必要的严重后果。在企业的规章制度中不难发现，除了保证企业正常生产秩序的部分，篇幅最大的可能就是对各个岗位上工作要求的部分。这些工作要求是经过企业日积月累的经验，总结出的各个岗位如何干好工作的真知。而企业制度正是将这些经验与知识形成了一定框架，才使员工更好地完成岗位工作。仔细观察不难发现，但凡有违反企业规章制度的人，他们最后都无法顺利完成自己的岗位工作，这证明企业的规章制度对于更好完成岗位工作是大有帮助的。倘若没有规章制度来指导工作，你很可能因为盲目地尝试和毫无约束的

工作行为让自己走很多弯路,让工作多出许多困难,甚至给自己带来巨大的安全隐患。

最后,企业规章制度更能提醒你有意识地约束自己的行为,而从这一过程中改掉自身的坏毛病,养成诸多有助于你获得成功的优秀品质。在企业的规章制度中,有很多对于员工行为的约束,而这些约束其实都是符合企业文化核心价值观需要的,也是符合社会基本伦理道德需要的。无论是作为员工还是作为社会的一分子,这都是不能突破和逾越的底线。有了制度的约束,才能有目的、有意识地去改正自身人格和认知上的不足,努力提升自己的道德修养和思想境界,养成很多有利于自己获得进步和成功的品质,诸如勤奋、诚实、责任心等。

以上这些关于遵守企业规章制度能够给员工和企业带来的深远影响,相信每个员工都可以体会到。其实每一条制度背后都是企业这个大家庭对其成员最深沉的爱。知道了这些,你还会因为制度的"束缚"而在企业中缺失归属感吗?

5. 机会是自己创造的,而不是企业白给的

在企业中有很多这样的员工,他们总是抱怨企业没有给自己提供足够大的平台,没有给自己足够的机会,因此对企业逐渐失去了信心,失去了归属感,总是想着有机会就"另谋高就"。然而即便是到了又一个看似平台更大、机会更多的企业里,他们依旧无法抓住机会,也同样会

逐渐丧失归属感，最终仿佛进入了一个"死循环"。

其实这样的情况主要是由于对机会存在认知上的偏差所导致的。无论一个人在什么样的企业里，是跨国公司还是刚处于起步期的小企业，机会都是靠自己创造和争取的，而不可能是企业白给的。没有机会永远都只是"弱者"的借口和托词，只是被动地去等待机会，机会将很难降临在你头上。只有主动去创造机会才能够在职业生涯里取得先机，而不是等别人捷足先登后空余悔恨。

甲是一家合资企业的白领，他觉得自己空有一身的本领却因为没有得到上级的赏识而无法大展身手，经常想：如果有一天能见到老总，有机会展示一下自己的才干就好了！

甲的同事乙，也有同样的想法。他去打听老总上下班的时间，算好老总大概会在何时进电梯，他也在这个时候去坐电梯，希望碰到老总，可以有机会和老总打个招呼混个脸熟。

学会取得先机 才不会遗憾

同事丙更进一步。他详细了解了老总的创业历程，弄清老总毕业的学校、人际风格、处世风格，并精心设计了几句简单却有分量的开场白，在算好的时间去乘坐电梯，跟老总打过几次招呼后，终于有一天跟老总长谈了一次，不久就争取到了更好的职位。

愚者错失机会，智者善抓机会，成功者创造机会。机会只给准备好的人，这准备二字，并非说说而已。倘若你的职业生涯是一场老天安排的电影，而你究竟是选择听天由命被动扮演已知的角色，还是主动出击，为自己的剧情增添不一样的故事？

如果你想要主动创造机会给自己更多在企业中施展拳脚的可能，让自己产生更强的归属感，那么就应该掌握制造机会的方法和能力。

（1）从细节下手，机会往往藏于细节中。

当我们觉得自己身边没有机会时，不要忙着下结论，不妨在工作中多留意一些我们平时不太关注的细节。不要认为工作的细节不重要，往往就是细节对我们工作的成绩产生着决定性的影响，并且如果我们能够从细节中找到机会，本身就意味着我们拥有敏锐的眼光，这在职场中可是稀缺能力。别总是从容易出现机会的地方去寻找机会，容易发现的机会早就被别人找光了。

（2）不按套路出牌，出奇制胜。

在工作中，如果我们总是按部就班地像一部听从指令的"机器"一样去完成任务，那么就别期待着能获得什么很好的机会了。想要给自己创造机会，我们就要首先学会去创造属于自己的与众不同。把我们一直以来对某些工作的固有方法暂时放在一边，试着换一种全新的方法去解决同样的问题，也许机会就这样被我们试出来了。

（3）"好马"也吃"回头草"。

有些人可能会觉得，一旦机会错过了那么就不值得再去争取了。其实在工作中这一规则可能并不适用。如果及时发现了某个刚刚被错过的机会，不要犹豫，回头去追。如果这个机会还没有走远，我们很有可能重新抓住它。别相信什么"好马不吃回头草"，只要是好"草"，我们都要努力试着去"吃"。

（4）扩展自己的人脉，很多机会都是他人给你提供的。

在工作中如果想要获得更多的机会，那么就别只顾着把自己"埋"

在办公桌前。积极去参与一些企业内部的社交活动，多与其他同事进行交流，拓展自己的人脉。也许这其中就会有你的"伯乐"，或是能够接触到更多机会。此外，在扩展人脉的过程中往往能够吸收很多新的观点和知识，这无疑开拓了我们的眼界，让我们对机会有更敏锐的察觉。

机会面前人人平等，不存在没有机会的人，只存在不会创造机会的人。你若想让自己在企业中大有作为，真正做出一些提升自身价值的工作，从而大大增加自己的归属感，增加更多选择，那么就试着主动去创造机会，并把握机会，而不是做那个守株待兔的"笨狐狸"。

6. 认清职场规则，哪些底线不能碰

在职场中"战斗"过一段时间的职场人可能对"规则"这个词都再熟悉不过了。在职场、企业甚至是一个小团队中，除了有明文规定的规章制度外，无一例外地也会有一些底线。这里所谓的底线，指的是明文规定的背后隐藏着一些不能明说的"规矩"，一种可以称为内部章程的东西。如今，在一些大型并且管理规范的企业，是将涉及的方方面面列入规章，但是中小企业由于经验不足和管理不规范，往往忽视这些底线，难以形成明文规定。

究竟有哪些重要的底线是职场人士必须了解并遵守的？以下列举几条常见的。

(1) 人事部不是合适的倾诉对象。

在公司有很多员工会找人事部经理谈话，人事部人员可能会定期找员工谈话，问员工在工作中有没有遇到什么问题，有没有人事部需要帮员工解决的事情。

然而事实上，公司人事部并不是合适的倾谈对象，所以你不要把抱怨一股脑地倾泻出来。人事部的首要任务不是去帮助雇员，而是保护公司利益不受雇员损害。所以，无论人事部的人员表现得何等友好，你跟他们的谈话内容，他们必然会与决策部门分享，例如你的上级、经理、主管及首席执行官。在与人事部的谈话中，要尽可能以公司和自己岗位需求的角度来诉说自己的诉求，而不要以个人利益为出发点。这两种说话的方式也许表达的诉求和取得的效果是一样的，但最终造成的影响却完全不同。

(2) 刚进公司要做的不是画大饼。

很多公司在招聘员工或对外宣传时说公司注重员工的能力，提倡员工发挥自己的主观能动性。但是刚入职的基层员工是无法想到领导层的问题的。很多员工总想着一进公司就大展宏图。你需要注意的是，刚开始时，公司或你的领导并不指望你能解决多大的问题，适应环境是首要任务。

所以，当你刚入职或刚调到一个新部门的时候，千万不能自作聪明，你首先要做的是熟悉环境，熟悉上级、同事的性格，即使你是一个专家也要先摆低姿态，当然，必要的是关键时刻也需要显示自己的能力，注意缓急有度，这才是一个成熟职场人的智慧策略。

(3) 报销单是公司测试你的一个工具。

大部分公司都会有月底报销（餐费、交通费、电话费等）或出差报销。

第七章　建立正确认知，让归属感骤增

很多人总是认为单位报销十分混乱，里面有很多空子可钻，其实大部分情况下，领导们都会看你报销的金额，而且如果他们愿意的话，财务部门可以随时提供每个人的报销明细。看似混乱只是一个表象，这其中藏着真正的考验。

请注意，一些在公司里面贪小便宜的人，餐费、交通费里总是放着一些自己私人用的费用，或许这些费用只有 100 元，但这些小钱会坏了一个人的前程。

（4）在工作场合中透露私事很危险。

有些人喜欢跟同事分享自己的私事，孩子养育问题，个人健康问题，经济上遇到的一些困难等，但是请记住，职场就是职场，这样做很危险。

如果说太多来自家庭的压力，你手头负责的项目就有可能更换负责人，因为领导觉得你没有余力做这么重要的项目，或是觉得你连自己家里的事情都解决不了，你还能负责这么重要的项目吗？如果你自己身体不太好，领导会认为你不能百分之百投入或有可能影响工作，这是十分危险的。

（5）让你的办公桌专业化。

现在大部分外企的办公区都是隔断式的，每个员工都有属于自己的独立空间，或许这样让你认为办公桌是你私人的地方，想放什么就放什么，但是请注意，办公桌也是体现你价值的地方，所以要让你的办公桌也变得专业化。

你的办公桌不应该太乱，这样显得个人习惯不好，也不应该太整洁，否则会让人感觉你工作不够努力。跟业务无关的东西千万不要放在让人看到的地方。总的来说，白天你可以把你的文件或资料放在桌上，但是下班的时候一定要整理，那些重要的资料一定要放在抽屉里（最

好是锁着），这样可以显示出你做事很专业。

（6）不要隐藏自己的失误。

在工作中谁都难免犯一些失误，很多人都有一种心理，那就是想在别人不知道的情况下隐藏自己的失误，无论是用补救还是推卸责任的方式。

但是有一点请注意，如果你所犯的失误涉及你们部门或你的上司，你一定不能隐藏，因为很多时候隐藏自己的失误带来的是更大的失误，正所谓越遮越丑，就算你犯的是一个很低级的错误，你也要告知部门负责人或相关人员。

（7）不参与任何的派系争斗。

在职场中，往往会存在不同的利益团体，无论是因为兴趣爱好或是其他原因组织起来的，都只是包括了部门或企业中的某一类人，而不是全部，这就意味着他们之中流通的一些利益，企业中的另一部分人是无法得到的，这对其他人是不公平的，甚至有的团体会损害公司的利益。

面对这个问题，给你一个忠告：别掺和，保持中立。你应当明白，在公司工作的目的是做好项目、获取薪酬和职业前途。真正的人脉是你做好项目以后，向你靠拢并一起奋斗成长的人。

职场底线也是规则，它有其存在的价值，你必须要去了解并尽可能遵守。在很多时候，底线是保证企业正常发展、职场稳定和谐的关键。也许有些底线你尚且不太理解，但是最好也不要试着去与之为敌。当然，如果你遇到了一些明显超出底线、违背道德甚至法律的"黑规则"，也要勇于与之对抗。

第八章

掌握沟通技巧，在交流中"心有所属"

只要是由人构成的圈子就离不开沟通，无论是身处社会这个大圈子，还是企业部门这个小圈子，都是如此。想要更快找到归属感，就不能够忽视沟通在其中起到的重要作用。如果你让自己成为了一名"沟通大师"，那么你就会发现自己很容易通过与他人的沟通而获得更多归属感。

做有 *责任感* *使命感* *归属感* 的员工

🔍 1. 平等是沟通的首要前提

在所有人际交往的范畴之内,平等沟通都是相当重要的,而团队内部的沟通当然也不例外。只有做到平等沟通,才能真正提高沟通的效率,才能让你在团队中通过沟通获取有用的资源和帮助。

当然,不可否认的是,在实际工作中,人和人之间的地位是不可能平等的,"位差"是客观存在的,这就不可避免地会在沟通过程中产生"沟通位差效应"。

"沟通位差效应"是美国加利福尼亚州立大学对团队内部沟通进行研究后得出的重要成果。调查者发现,来自领导层的信息只有20%～25%被下级知道并正确理解,而从下到上反馈的信息则不超过10%,平行交流的效率则可达到90%以上。进一步的研究发现,平行交流的效率之所以如此之高,是因为平行交流是一种以平等为基础的交流。

为试验平等交流在团队内部实施的可行性,研究者试着在整个团队内部建立一种平等沟通的机制。结果显示,在团队内部建立平等的沟通渠道,可以大大增加团队成员之间的协调沟通能力,使他们在价值观、道德观、经营哲学等方面很快地达成一致;可以使上下级之间、各个部门之间的信息形成较为对称的流动,业务流、信息流、制度流也更为通畅,信息在执行过程中发生变形的情况也会大大减少。

司马光在《资治通鉴》中也曾有过关于"沟通位差效应"的论述:

第八章 掌握沟通技巧，在交流中"心有所属"

"下之情莫不愿达于上，上之情莫不求知于下，然而下恒苦上之难达，上恒苦下之难知，若是者何？九弊不去故也。"

司马光在此提到的这些情况，正是"沟通位差效应"的体现，正是上位心理和下位心理给上下级之间所造成的不利影响，即由于上级搞官僚主义、夸夸其谈和妄自尊大而导致下属阿谀逢迎、谨小慎微和欺上瞒下的心理与行为。为了避免"沟通位差效应"，最好的方式就是打破沟通者之间的等级壁垒，实现尽可能的平等交流，这在很多国外大公司的员工间都已经实现了。

当产生"沟通位差效应"时

当然，如果身处一个极具中国特色的团队中，要想在团队里完全消除这种外国的沟通模式并不十分现实，毕竟文化之间的差异与长久以来的习惯很可能让这种方法在你的团队中根本行不通。其实，从某种意义上讲，我们所强调的"平等沟通"，并不是"平等地位"的沟通，而是发自内心的情感交流。有修养的人会以平常心态对待他人，言语表现得体，真诚用心地对待他人，而他人也会以相同的心意回报。也就是说，如果不能实现地位上的绝对平等，在沟通的过程中，我们可以在思想上放下架子，从心理上实现"平等沟通"。

在人际交往的过程中，不管面对什么样的人，如果想要实现沟通的目的，想要提高沟通的效率，想要实现真正的沟通，至少要从心理上放低自己，尽量让沟通的双方保持在一个相对平等的基础之上，这样才能尽量避免"沟通位差效应"的弊端。没有平等就没有真正的交流和沟通。在人际沟通的过程中，要想取得良好的沟通效果，提高沟通效率，必须尽可能地使双方处在一个平等的位置上，这需要做到以下几点。

（1）"放低"思想和观念。

现如今，很多身处团队的人总是说自己的团队伙伴难以沟通，但是很少有人会反过来想一想，自己对对方了解多少？能够平等地与对方沟通吗？你说出的话"中听"吗？有些人认为不过是日常的沟通，根本就不涉及所谓自尊心等情感因素，这就大错特错了。其实越是平常的沟通，越隐藏着更多的情感因素，只是表现形式不容易被发现罢了。

（2）变换一种表达方式。

同样的一句话，用不同的方式说出来，收到的效果往往大相径庭。比如对方做错了事，你可以委婉地告诉他：你再想一想，这样做，对吗？是不是还有更好的方法呢？再比如，你的团队伙伴做了一件并不太成功的事，然而自己很得意，满怀希望地以为能得到你的赞美。如果你对他不屑一顾，说类似"你做的是什么呀，看上去乱七八糟的"的话，他的情绪肯定会一落千丈，再也不想与你进行主动沟通。如果你把他做的事仔细地分析一下，猜猜看他这样做的根本目的是什么，让对方讲一讲自己的得意之处，表现出很感兴趣或恍然大悟的样子，并告诉他，"你这样做真不错，真有想象力，如果把这个地方稍微改一改就更好了"，这样你的同事很可能就会听从你的建议，在以后也更愿意征求你的意见，与你进行沟通。

（3）学会"认真交谈"。

作为团队中的一员，无论多忙都应留意一下其他团队伙伴在干什么，并尽量抽时间与他们讨论。当和其他同事交流时，应该尽可能放下手头上的事情，全神贯注地听对方说话，这能让对方觉得你很在意他的话，对方感受到尊重和鼓励，就会愿意说出自己的心里话。

（4）充当"顾问角色"。

在很多时候，当你给团队伙伴建议尤其是你们并不存在上下级关系时，对方很可能不会理睬。这是因为每个人最需要的其实是顾问和支持者，而不是给他进行纠正的分歧者。当知道自己同事的某些决定必然会引起错误后，重要的不是急切地提出批评，而是帮助他把事情弄明白，让对方知道错在哪里，今后该怎么办。

平等交流是与团队其他成员建立起牢固、可靠交流通道的前提和基础。平等交流其实远没有说起来那么容易做到，它需要你能够真正掌握与团队其他成员进行沟通的技巧，并在沟通过程中注意自己的言行。

2. 真诚能够让你在沟通中事半功倍

在竞争激烈的职场中，每个职场人都仿佛习惯了封闭自己，拒绝与人真心沟通，害怕自己露出破绽。然而无论时代怎样改变，沟通最需要的还是彼此之间的真诚，它是打开沟通之门的钥匙，是建立真正有效沟通的唯一途径。

相比于朋友和亲人，同事关系本就不太牢固，因此在沟通的过程中更要以真诚作为起点。同事之间都能以诚相待，就没有解不开的心结，没有化解不了的矛盾。而如果在与同事沟通时总是藏着掖着，那么难免就会产生猜忌与隔阂。

只有真诚地进行沟通，才能够成为连接你与同事间感情的纽带。同时也只有真诚地沟通才能产生良好的沟通氛围与沟通体验，从而让双方都愿意加强彼此之间的沟通次数与沟通深度，从而让彼此对对方的了解都更近一步，也更容易避免不必要的误会。此外，真诚地沟通还能够让你与同事双方都在沟通过程中找到心理平衡感，从而把沟通当作是一件能够满足自己心理需要的快乐事情，增加沟通意愿。

其实在沟通中做到真诚并没有想象中的那么困难，不过首先要尽量避免在沟通过程中，由于以下一些误区和冲动而导致让对方无法感受到你的真诚。

最容易产生沟通误区的态度有以下几点，沟通时要注意避免。

(1) 抱着逆反心理或者对着干的心态。

当你与同事之间产生分歧时，一方或双方完全被情绪支配，抱着和对方对着干的心态，不管对方说得正确与否，一定会朝着相反的方向走，你说好，他说坏；你说黑，他说白；你让我们往东，我们偏要往西；你让我们打狗，我们偏去撵鸡。就是想让对方生气，就是想看对方难受的样子。

(2) 视而不见，充耳不闻。

对方多次提醒过的问题，依然明知故犯，不是不长记性，而是内心抗拒改变。这是一种软抵硬抗，用沉默、迟钝、漠视表达内心不满的情绪，内心甚至有一点蔑视和鄙视对方，口头上不一定表达出来。

(3) 一个说东，一个说西。

有些时候你与同事之间的沟通可能会出现这样的现象：一个埋怨工作压力太大，一个可能正在说如何才能做好某件工作。说话人和听话人不在一个频道里，不在一个平台上，你说的是这个意思，他理解的是另一个意思；你说的是这件事，对方却给你岔开说另一件事。各自表述自己的观点，都希望对方服从自己的想法和意见，让人哭笑不得，也达不到沟通的目的。

第八章 掌握沟通技巧，在交流中"心有所属"

（4）话不投机，心不在焉。

有时在与同事沟通的过程中，经常有其中一方选择装傻或者回避，要么装着没听见，要么顾左右而言他，实际上大多是故意装糊涂，因为"话不投机半句多"。心不在焉，说明不想争论，并不是认同对方的看法或者服从对方的命令。

（5）冷漠相待，冷笑视之。

其实同事之间不怕争吵，吵过以后起码都能更理解对方的真实想法，心态和情感还可以恢复到原来的状态，有时候你会发现与同事吵罢了就过去了，不一定非要讨个结果。最可怕的情况是：一方在火冒三丈，另一方却一言不发，而且还用冷漠的眼光盯着你，间或发出一声冷笑，冷漠的背后隐藏着这样的潜台词儿：犯得着这么大惊小怪吗？关我们什么事儿？正是所谓的"此处无声胜有声"，冷漠和冷笑是决裂的标志，这样的态度，同事感情离破裂往往只差一步。

其实以上的一些情况，大都也只是同事之间产生分歧后的意气用事。然而你必须意识到，这些行为很可能让对方觉得你与他并没有进行真诚地沟通，从而也开始拒绝对你抱以真心，这将导致无法挽回的结果。

其实无论是在沟通中存有分歧还是在沟通过程中出现了误解，只要彼此都能够掌握一定的沟通方法与技巧，就不会造成沟通障碍的隐患。

（1）要积极回应，不要一味沉默。

也许"沉默是金"是社交艺术中的经验之谈，但是在与同事沟通时，沉默或者不苟言笑、无话可说，这些都是不可取的。沉默不是内心抵触，就是装傻对抗。不管你与同事之间沟通的方式如何，都要表现出一种和气的态度，积极主动地回应对方的沟通需求，包括对日常工作琐事的唠叨和抱怨。即便是出现激烈争吵也没关系，内心的火气得到发泄和回应,就必然会有"败火"的效果。有时候埋怨、唠叨和挑剔并不是一定要一个结果,而是希望引起对方的重视,或者释放一下压力和郁闷的情绪。

(2) 保持善解人意心平气和的沟通心态。

与同事进行沟通时,平和的心态和善意的态度非常重要,会到达使对方"灭火""消炎"的效果。俗话说"良言一句三冬暖""相逢一笑泯恩仇""抬手不打笑脸人",这些都说明善意和好心态很重要,看到你和颜悦色的表情和善解人意的态度,别人想发火都难,还会为自己刚才的怒气感到愧疚。

(3) 学会站在对方立场看问题。

一个人只要养成了站在对方立场看问题的习惯,就会看到对方身上更多的闪光点,也理解对方生气、埋怨的道理,可以多一份对对方情绪和怨气的理解,平息自己激动、愤怒的心绪,实现心平气和的沟通。

(4) 掌握对方性格特点,做到有的放矢。

同事之间长期在一起工作,对彼此性格都有较深的了解,要各自尊重对方不同的性格特质。性格没有好坏优劣之分,如果你可以做到扬长避短,异质互补,就可以投其所好,顺藤摸瓜地挠到痒处。对急性子的人一般采取柔和的方法,对自尊心强的人一定要注意别伤及对方敏感的自尊心,对承受力很强、做事拖沓的人不妨下剂"猛药",这样会有较好的效果。

(5) 幽默是化解矛盾的催化剂。

幽默是沟通的智慧,很多矛盾和争论可以用幽默的方法化解掉。有人把幽默看作是一种高层次的沟通艺术,是减少摩擦的消炎药,化解矛盾的润滑油,增进感情的催化剂,展现个人魅力的显示屏。幽默可以大事化小,小事化了,举重若轻。幽默沟通不仅可以化解矛盾,而且可以增进同事之间的感情。

（6）要讲究方法，但是不要刻意追求方法。

掌握基本的沟通技巧，最常用的技巧就是拣对方喜欢接受的方式去沟通，这样通常会取得正向的沟通效果。而"针尖对麦芒"的敌对式沟通必然会导致吵架升级。只要态度好，不刺激对方，对方的火气就会烟消云散。不要刻意用一种作假的沟通方式，那样会给对方一种伪装感或者应付差事的误解。

真诚沟通是你与同事之间避免产生误会导致感情恶化的一剂良药，也是让同事间的沟通之门得以打开的金钥匙。只要彼此都怀以真诚之心进行交流沟通，那么就必然会产生更多有效沟通，从而增进彼此之间的联系与情感。

3. 学会介绍自己，迈好沟通第一步

有些时候想要获得归属感，沟通是十分重要的。而说到沟通，很多人可能都深有体会，你能够给他人留下什么样的第一印象起到了至关重要的作用。在一个团队中你给他人留下的第一印象往往决定了你能否尽快融入到团队中，并在团队里得到认可，从而获得归属感。而在很多情况下，你给团队其他成员留下的第一印象，往往就在你初入团队时进行的自我介绍。

在人际交往中如能正确地利用自我介绍，不仅可以扩大自己的交际

范围，广交朋友，而且有助于自我展示、自我宣传，在交往中消除误会，减少麻烦。作自我介绍时应注意下述几个问题。

（1）自我介绍的时机。

在下面场合有必要进行适当的自我介绍。如：应试求学时、在交往中与不相识者相处时、有不相识者表现出对自己感兴趣时、有不相识者要求自己作自我介绍时、有求于人而对方对自己不甚了解或一无所知时、旅行途中与他人不期而遇并且有必要与之建立临时接触时、自我宣传时、如欲结识某些人或某个人而又无人引见时。

（2）自我介绍的注意事项。

首先要讲究态度：态度一定要自然、友善、亲切、随和。应镇定自信、落落大方、彬彬有礼。既不能唯唯喏喏，又不能虚张声势，轻浮夸张。表示自己渴望认识对方的真诚情感。任何人都以被他人重视为荣幸，如果你态度热忱，对方也会热忱。语气要自然，语速要正常，语音要清晰。在自我介绍时镇定自若，潇洒大方，容易给人以好感；相反，如果你流露出畏怯和紧张，结结巴巴，目光不定，面红耳赤，手忙脚乱，则会为他人所轻视，彼此间的沟通便有了阻隔。

其次要注意时间：自我介绍时要言简意赅，尽可能地节省时间，以半分钟左右为佳，不宜超过一分钟。话说得多了，不仅显得啰唆，而且对方也未必记得住。为了节省时间，作自我介绍时，还可利用名片、介绍信加以辅助。

再次要注意内容：自我介绍的内容包括 3 项基本要素，本人的姓名、供职的岗位以及担任的职务和所从事的具体工作。这三项要素，在自我介绍时，应一气连续报出，这样既有助于给人以完整的印象，又可以节省时间，不说废话。同时要真实诚恳，实事求是，不可自吹自擂，夸大其词。

最后要注意方法：进行自我介绍，应先向对方点头致意，得到回应后再向对方介绍自己。如果有介绍人在场，自我介绍则被视为不礼貌的。应善于用眼神表达自己的友善、关心以及沟通的渴望。如果想认识某人，最好预先获得一些有关他的资料或情况，诸如性格、特长及兴趣爱好。这样在自我介绍后，便很容易融洽交谈。在获得对方的姓名之后，不妨口头加重语气重复一次，因为每个人都乐意听到自己的名字。

不要忽视你的自我介绍，它就像你递给企业、团队、同事的"名片"，很多人正是由于能够做得一手漂亮的自我介绍，才能在融入团队和与团队成员沟通的过程中，省去很多的麻烦，让自己在团队中有一个好人缘，获得更大归属感。

4. 聆听是一种美德

在沟通的过程中，倾听是十分重要的环节，大部分人都十分清楚这一点。不过倾听可不仅仅是"听一听就完了"，在倾听的过程中其实有着很多的方法与技巧，只有遵循这些方法与技巧才能让你的倾听真正在沟通过程中起到积极作用。

（1）培养正确的倾听方式。

在倾听的培养中，你可以遵循 EAR 三步走的模式（Explore 探究，

Acknowledge 了解，Respond 回应）。EAR 倾听模式的精髓在于教会你探究沟通对象提出的问题，了解他们的真实想法，并在此基础上提供合适的回应。

探究——提问开放式问题。例如："可以告诉我们更多有关内容吗？""你认为会怎么样发展？"或者"真正的含义是什么？"

了解——给出如下的回应。例如："你应该是觉得……"或者"所以，如果我们听得没错，你的意思是……"

回应——当你对沟通对象观点清楚了解后，应给予适当的反馈意见。一般来说，当人们尝试倾听时，很容易跳过思考而盲目解决问题。好的听众会对听到的内容仔细思考，确保在完全理解的前提下给予反馈。

当然，倾听与回应的形式固然重要，但持有正确的态度也很关键，认识到倾听和反馈的价值能帮助沟通双方建立互信互利的关系。如果这点做到了，你就可以通过适当的形式去倾听并提供反馈。很多人最初容易忽视倾听与反馈，因为他们相信传授自己的专业知识是最有价值的。就是说，很多人更习惯通过谈话与对方交流自己的经验，以为自己的职责是通过传授经验帮助他人。如果秉承这样的理念，那么你很难完全听取沟通对象的话，只了解到与自己过去经验相关的部分就加以分享，殊不知这样可能破坏对方沟通的积极性。

（2）反馈与情感处理。

即使拥有丰富沟通经验的人，在涉及沟通情感处理时也会遇到问题。这种问题大多来源于一个人无法面对工作中的问题应运而生的尴尬情绪，这种情绪让他们往往会错失和对方建立良好关系的机会。

如果情绪得不到释放，它们只会被一味地堆叠，时间久了会出问题。对大部分人而言，在沟通过程中往往敏感地不愿坦诚表露真实感受，喜欢在好的情绪下交谈，避开交谈让人感觉不舒服的话题。然而，这却阻碍了你在发现问题后本可以建立的良好关系。例如，对于没有达到你期望值的合作对象，你可能会这样安慰说："加油，我们下次继续努力达成目标吧"。但是，这不是最有效的沟通方式。你应该用心与其交谈，提供反馈意见，即使这样可能会让你感觉不舒服。在团队合作中，沟通最需要做到的是开诚布公地一起找出问题。

（3）与团队分享你愿意做一名好的倾听者的意愿，了解他人对你目前的看法。

认识到团队中的每个成员都是独立的个体。你越了解其个人需求，越容易与他们建立良好的关系。记住在倾听的同时意味着保持沉默，这样可以帮助你在做反馈之前有更多的思考空间。仔细考虑你个人的想法是否真的需要提出来，也许你的沟通对象仅仅是需要些时间来解释他的想法。

（4）倾听过程中需要注意的细节。

克服自我中心：不要总是谈论自己。克服自以为是：不要总想占主导地位。尊重对方：不要打断对话，要让对方把话说完。千万不要去深究那些不重要或不相关的细节而打断人。不要激动：不要匆忙下结论，不要急于评价对方的观点，不要急切地表达建议，不要因为与对方有不同的见解而产生激烈的争执。要仔细地听对方说些什么，不要把精力放在思考怎样反驳对方所说的某一个具体的小的观点上。尽量不要边听边琢磨他下面将会说什么。问自己是不是有偏见或成见，它们很容易影响你去听别人说。不要使你的思维跳跃得比说话者还快，不要试图理解对方还没有说出来的意思。注重一些细节：不要了解自己不应该知道的东西，不要做小动作，不要走神，不必介意别人讲话的特点。

除此之外，在倾听时你还要尽量避免一些禁忌。别对谈话内容漠不关心，不要只听内容，忽略感觉。在对方诉说的过程中不要无故打断对方的谈话。

一个人要想在团队中总是能与其他伙伴进行良好的沟通，那么掌握倾听的技巧就势在必行。倾听是沟通中的一个重要环节，也是体现你人格魅力和风度的重要途径。一个优秀的沟通者一定也是一名合格的倾听者。

5. 三思而后言，心直口快最伤人

在与同事的沟通交流中，即便他们知道你有善良的"豆腐心"，但你的坏脾气和"刀子嘴"却还是会让人本能地逃避你，甚至让你遭遇背叛与伤害。你觉得自己很孤独，总是会发出这样的抱怨：这不公平，为什么受伤的总是我们，为什么没有人爱我们。然而实际上，正是由于你已经伤害了他人，才受到冷落。

在沟通中，"刀子嘴"并不仅仅是指那些重伤他人的言语，还有一些随时有可能碰触他人或是团队价值观、制度底线的谈话内容。一般来说，下面提到的一些方面是无论如何都应该在与他人的沟通交流中避免的"禁区"。

（1）薪水话题，不能说。

薪水在绝大多数时候都是绝密的隐私，最好不要在任何场合与任何同事讨论薪水相关的事情。一方面知道了一些不该知道的东西你可能会

第八章 掌握沟通技巧，在交流中"心有所属"

心理不平衡，另一方面很多团队对于讨论薪水的人都不会抱以好感，甚至会尽可能将这样的人踢出团队。

如果有人来主动与你讨论薪水的话题，你要直接而明确地告诉他："对不起，薪水的话题咱们不要讨论。"

（2）人事变动，不能说。

人事变动跟薪水一样，也是团队中很敏感的话题，"财"和"人"是团队最重要的资源。即使你已经做到团队中至关重要的位置也要清楚，人和财的最终决策权一定要交到团队"一把手"手里，尽量不要讨论、不要越权。

（3）出门在外不聊业务。

出门在外尽量不要讨论业务，因为你不知道陌生人里是否有竞争对手，很有可能一两句不经意的话，就会给公司带来巨大的损失。曾经有人在出差途中的大巴车上，听到竞争对手公司的业务员讨论竞标情况，获得了关键信息，最终靠着一点差距赢了标。这样的事情不是危言耸听，而是真实发生过的。

（4）人在公司不唠家常。

在工作环境中，尽量不要聊家长里短。一方面与工作不相关的事情，拿到公司说不太合适。另一方面，暴露自己或知道别人私人及家庭相关的事情，对双方都不是好事。

（5）别人坏话坚决不说。

不管是当面还是背后，对别人"人品"方面的问题，尽量不要有定性的评价。即使某人的人品真的存在问题，也最好不要从你的嘴里说出来，因为经常说别人人品有问题的人往往自己人品才有问题。

永远记住,在你所处的部门、企业中没人有义务透过你的"刀子嘴"看透"豆腐心"。因此,要想向他人证明你真的有一颗愿意与人亲近的"豆腐心",那么最好不要让自己有一张"刀子嘴",否则当你将所有人都得罪殆尽后,等待你的结果也可想而知。

6. 少些埋怨,在沟通中多做正向鼓励

同事共事,难免会在工作中共同遇到问题,而其中一些问题即便你与同事一起通力合作也不一定能找到解决方法。此时如果互相埋怨,那么最终只能让彼此把所有的精力都用在互相指责上,也让双方产生许多不满情绪,更不利于问题的解决。而如果能够与同事相互鼓励,那么往往就能够激发出更大的动力和潜能,共同携手克服难题。

在遇到重大困难时,同事间只有相互鼓励才能够让彼此感受到自己不是一个人在面对困难,从而变得更有勇气与干劲。试想,如果在遇到难题时,你能够给予同事最大的鼓励,相信对方一定有能力解决问题,而对方也反过来鼓励你,相信有你的帮助克服困难只是时间问题。彼此相互勉励,又有什么问题能难倒你们这对"最佳组合"呢。反过来,如果一遇到无法解决的问题,你与同事之间就只有相互指责和埋怨,那么立刻就会在合作中产生极大不信任感。彼此都不能做到信任,又何谈共同努力解决问题。

第八章　掌握沟通技巧，在交流中"心有所属"

霍里斯在纽约搭计程车，下车时，他的朋友对司机说："谢谢，搭你的车十分舒适。"司机听了一愣，然后说："你是混黑道的吗？"

"不，司机先生，我不是在寻你开心，我很佩服你在交通混乱时还能沉住气。"

司机再没说什么，便驾车离开了。

"你为什么会这么说？"霍里斯不解地问。

"我想让纽约多点人情味，"他的朋友答道，"唯有这样，这城市才有救。"

"靠你一个人的力量怎能办得到？"

"我只是起带头作用。我相信一句小小的赞美能让那位司机整日心情愉快，如果他今天载了20位乘客，他就会对这20位乘客态度和善，而这些乘客受了司机的感染，也会对周遭的人和颜悦色。这样算来，我的好意可间接传达给1000多人，不错吧？"

"但你怎能希望计程车司机会照你的想法做呢？"

"我并没有希望他，"朋友回答，"我知道这种作法是可遇不可求，所以我尽量多对人和气，多赞美他人，即使一天的成功率只有30%，但仍可连带影响到3000人之多。"

"我承认这套理论很中听，但能有几分实际效果呢？"

"就算没效果我也毫无损失呀！开口称赞那司机花不了我几秒钟，他也不会少收几块小费。如果那人无动于衷，那也无妨，明天我还可以去称赞另一个计程车司机呀！"

"我看你脑袋有点天真病了。"

"从这就可看出你越来越冷漠了。我曾调查过邮局的员工，他们最感沮丧的除了薪水微薄外，另外就是欠缺别人对他们工作的肯定。"

"但他们的服务真的很差劲呀！"

"那是因为他们觉得没人在意他们的服务质量。我为何不多给他们一些鼓励呢？"

他们边走边聊，途经一个建筑工地，有5个工人正在一旁吃午餐。霍里斯和他的朋友停下了脚步，"这栋大楼盖得真好，你们的工作一定很危险辛苦吧？"那群工人带着狐疑的眼光望着朋友。

"工程何时完工？"朋友继续问道。

"6月。"一个工人低应了一声。

"这么出色的成绩，你们一定很引以为荣。"

离开工地后，霍里斯对他的朋友说："你这种人也可以列入濒临绝种动物了。"

"这些人也许会因我这一句话而更起劲地工作，这对所有的人何尝不是一件好事呢？"

"但光靠你一个人有什么用呢？你不过是一介小民罢了。"

"我常告诉自己千万不能泄气，让这个社会更有情原本就不是简单的事，我能影响一个就一个，能两个就两个……"

"刚才走过的女子姿色平庸，你还对她微笑？"霍里斯插嘴问道。

"是呀！我知道，"朋友答道，"如果她是个老师，我想今天上她课的人一定如沐春风。"

第八章 掌握沟通技巧，在交流中"心有所属"

对他人的认可与赞美就像人与人间传递的强大"正能量"，能够让你接触的每一个人都因为赞美而保持一个好心情，从而在工作、生活中事半功倍。更重要的是，接下来他们也会受到感染，同样去赞美更多的人，最终让你周围的同事，乃至整个团队都处在和谐积极的气氛中。

当你在与同事的合作中遇到了困难时，不要相互埋怨，尝试鼓励、赞美对方，相信你也能够收获他人更多的支持，从而携手解决困难。而想要把相互鼓励、赞美当成一种习惯，就需要你认清问题的根源，树立能够促进问题得到解决、激发团队合作合力的正确意识。

抱怨作为人们的一种情绪表现或发泄渠道，其产生有以下几种情境：一是当遇到困难、面临挫折且无切实可行的解决方案时；二是当个人某种需求和愿望被压抑，得不到满足时；三是遭受某种人际关系的沉重压力时。

在工作中，这几种心理状况在不同的情境下都会产生。当面临困境时，最好的方法是先确立自信心，相信自己只要集中精力，哪怕多花一点时间，也一定能做好。当做好这件事情之后，记下这次解决这类问题的心得，并在往后解决此类问题中运用这一项经验，并对这一经验不断补充，最好将这一总结落到纸面上。另外，先易后难，先将困难中的简单事项做好，然后入手较为困难的部分。其实，当把简单事项解决完了之后，困难几乎就不算困难了，因为已经被拆解成了简单的事情。

当个人在工作中的一些需求和愿望得不到满足时，你应该和能够给予你满足的同事沟通。也许你表达这种需求时会特别担心，担心同事不愿意满足你。其实你大可以放宽心，绝大部分同事是不会有意为难你的，他们只是无法顾及别人的需求，不了解你是有这个方面的需求罢了。如果同事无法解决，那就需要寻求上级领导的帮助。在某种程度上，他们会尽可能满足你合理的需求。

当面对沉重的人际关系时，尊重与沟通是最关键的两点。尊重，是对领导和同事工作业绩和观点的认可。在观点上，你可以持有与之不同的意见，但是不能完全否定对方的观点，有合理之处要鼓励并纳入考虑范围。在行动上，积极配合。当他的某些行为你不理解时，也不要轻易否定他的能力，认为他不行，尤其在他面前不要表露这样的表情和话语。这时，沟通便派上用场。当你对他的行为感到疑惑时，不妨在空闲的时候问问他是如何想的。很多时候，所见非事实，也许他本来是出于好意的行为，却被你认为是"笨"或者没有用，这便引发了矛盾。沟通未必能让你完全认同他，但是至少能让你理解他，不至于让矛盾加深。

遇事先从自己身上找问题。你与同事之间的埋怨之所以产生，很大程度上是因为问题一旦出现，双方都习惯性地先从对方身上找问题，甚至是放大对方身上的问题。这种思考模式是最不利于解决问题的。在遇到问题时，首先应该从自身出发，看看自己究竟哪里做得不够好，自己能努力采取什么措施来帮助解决矛盾。如果你能这样想，同事看到你的作为之后也会将心比心，想想自己的问题，那么彼此就都会主动去承担责任，并获得对方的理解与支持，从而为相互鼓励建立心理基础。

埋怨他人将无助于让你更好地解决问题。你与同事在工作上有合作，自然也就会碰到问题需要沟通。而在沟通过程中，双方只有彼此相互勉励，激发对方的斗志，才能让你们之间的合力达到最大甚至让对方迸发出自己都没有想象到的潜能，从而达到团队合作的真正目标。在这一过程中你也能感受到深深的团队归属感。

7. 学会换位思考，让沟通更有效

在企业中、团队中，同事之间沟通是不可避免的。而相较于朋友、亲人，同事之间沟通往往受到更多因素的影响，比如不同的年龄、阅历和思考方式，都会给彼此之间的沟通交流制造障碍。

一个人的价值判断受其阅历影响，同一件事情，不同身份的人有不同的看法，甚至同一个人因为身份的转变或者阅历年龄的增加而改变最初的看法。具体到同事之间，也是适用的。沟通关系的维护需要两方面的努力，任何一方出现问题都会导致不和谐的沟通氛围。

其实同事沟通出现问题，很大一部分原因是由于岗位角色不同、生活阅历不同。如果双方不能采取正确的沟通方式对这样的障碍进行处理，就极容易在沟通中导致矛盾。

为了更好地解决这一难以逾越的沟通障碍，采取正确的沟通方式和方法是必须的。而解决这一问题的最好方法，就是在沟通中学会换位思考。

所谓换位思考，就是设身处地为他人着想，即想人所想，理解至上。同事之间在做任何沟通时都要先换位思考，唯有换位思考才能产生同理心，才能找到对方的需求，才能更好理解对方，进而让自己在沟通过程中能够有针对性地满足对方需要。这样做可以给自己减轻烦恼和痛苦，同时也可以给对方减少不必要的困扰。最终使双方都能够体验到最佳的沟通效果。

换位思考看似简单，然而在实际沟通中却很难做到这一点。很多人会认为别人总是不理解自己，不体谅自己，而自己呢，也很少想到或者真正做到全面去理解对方。每个人的思维方式不同，许多想法相互间都无法理解或者理解失误。其实谁也没错，缺少的就是体谅和理解，如果能站在对方的立场想想看，就能够在沟通中避免许多不必要的冲突。

卡耐基训练的首席执行官彼得·韩德先生在18岁的时候就开始了人生第一次商业投资。他在美国巴尔的摩市区购买了一块土地，计划与大卖场及百货公司合作，共同开发这块土地，以解决他的银行贷款问题。

他先后与几家大型百货公司及大卖场的决策人员会面，向他们提出他的构想，但经过调研后全都被否决。于是他开始寻找小摊铺，可是他的提案也被小摊铺投资方否决。是什么原因让这些大卖场、小摊铺都拒绝了他的倡议呢？主要原因是他所购置的土地位于市区中心地带，附近治安很不好，投资方担心卖场将来发生抢劫案件，必然会影响到声誉和运营。种种顾虑使他们裹足不前。

就在韩德先生感到挫败和焦虑时，他知道了"真诚试图从别人的角度去了解一切"这个原则，重新思考了他的投资计划。他发现当地法院在郊区，人们出席法院听证会或办理其他法律事宜及活动时，常常感到交通不便。于是他有了一个构想，如果法院能搬到他那块土地上，不仅方便了到法院办事的人员，他自身的贷款问题也能够得到解决。

可是，让法院搬家是件大事。没有市政府的点头，这个构

第八章 掌握沟通技巧，在交流中"心有所属"

想根本不可能实现。韩德先生经过换位思考后，向市长提出了建议案，建议法院搬到市区中心他那块土地上，这将带给市民很大的便利；临近社区因警车巡逻密度增强，治安也会变好；各种商店迁入，附近土地价值会攀升，社区当地的就业机会也会增大。这项提案十分有利于市长的施政成果，市长也会积累他的政治资本。韩德从这个角度与市长沟通，得到了市长的赞同，他的计划最终成功了。

这也是彼得·韩德先生日后接受卡耐基董事会的邀请担任卡耐基公司首席执行官的原因，因为这条原则是他的事业发展的开始，并带来了极大的益处和价值。

在沟通中运用换位思考的原则能够让一个身处困境的商人扭转败局，同样换位思考也能解决掉那些横在同事沟通环节中的障碍，改变沟通不畅的现状，让彼此都能够理解对方。

首先，你该认识到一个问题：人从出生的时候到很长一段时间都是"自私"的，这个"自私"是因为人类从一出生，就有一种生存的本能，这是为了适应生物生存的基本需要。心理学家马斯洛的需求层次理论讲：人要满足了基本的生存需要才能向更高级发展，甚至可以说"自私"对于人的成长是很有必要的。但是人毕竟有别于动物，当人成长到一定的年龄以后，就要开始从自我的角度转向他人的角度来思考问题。与同事之间亦是如此。很多人都是因为根本还不知道对方在沟通中需要什么，只是看到自己需要什么，所以沟通才有这么多的问题。站在他人的角度看问题，分析别人的需要和自己需要的冲突，怎么去解决这样的冲突，才可以让同事间的沟通更加顺畅，甚至达到共鸣的程度。

此外，当你持有一个观点时，不要理所当然地认定它就是正确的。其实许多观点本身并没有对错之分，在不同的人眼中它有着不同的意义，如果一定要固执己见要求对方认同自己的观点，就很容易造成沟通的障碍。同事间沟通的根本目的还是为了要增进了解、解决问题，绝不是制造问题。那么就不要去就一些根本没有对错的事情进行无意义的争论。你可以认定自己的观点，但是别把自己的观点强加于对方身上。

最后，要想在沟通中做到换位思考，就必须让自己拥有宽广的胸怀和大局意识。在被对方误解时，要用实际行动证明自己，消除对方对自己的误解，不要只顾着闹情绪，埋怨对方。工作中产生了摩擦，把自己和对方所处的位置关系交换一下，站在对方的角度上考虑问题。这样，你就能控制自己的情绪，真切地体会对方的感受，从而达成共识。当自己与同事意见不合的时候，不要贸然互相反驳，而要冷静思考，或许对方有他自己的考虑。要树立大局意识，多从如何推进工作本身的角度想问题，诚恳地接受批评，也要有自我批评的勇气。发生矛盾时，要多从自己身上查找问题。

换位思考是优化沟通的重要方法，也是让同事之间建立起更多有效沟通的不二途径。站在对方的角度上去看，你就会发现原来很多沟通中的矛盾与冲突只是彼此在钻"牛角尖"而已。

8. 掌握用肢体语言沟通的艺术

在沟通中，礼貌、得体的语言固然重要，但沟通绝对不仅仅是口中的语言这一个组成部分。动作、神态所传达的信息量也不容忽视。

你是否有过这样的经验，在会议中，突然有人走进来，所有人目光都集中到他身上，并专注倾听他的一字一句。为什么有些人只要一开口，就成为目光集中的焦点，是他们表达的内容很吸引人，还是这个人本身所散发的魅力令人无法抵挡？

在人类之间相互接触中，像亲密、生疏、隔阂、嫉妒、猜疑等状态，主要是一个"情"字作怪。言辞固然能表达一个人的态度，但自己的肢体语言却能加深并艺术化对对方的感染。懂得了这一点，在我们讲话时，眼神、表情、动作和气质与述说的语言就应做到同步化，使自身的形象更完美，以自身的情绪去影响对方的情绪。

俄罗斯商人巴卜耶夫是做国际贸易的，经常带着儿子巴卜耶维奇在各国奔波，好奇心强的巴卜耶维奇在这个过程中对各国不同的手语都有了一些了解。

有一次，公司与巴西顾客谈下了一个利润非常丰厚的合作项目。就在签署合同当天，巴卜耶夫生病了，躺在医院里不能下床。于是，他让儿子巴卜耶维奇代替自己签约——这样也算是非常有诚意的做法。

只不过，巴卜耶夫有些担心，对儿子说："你既不了解两家公司谈判的内容，也听不懂巴西语，去了就像个傻子一样，虽然有翻译，但我还是怕你将事情搞砸，毕竟交流也是合作的一部分。"

巴卜耶维奇却笑着说："你就放心吧，我们除了说话，还有其他交流方法啊。"巴卜耶夫很奇怪，问："其他交流方法？到底是什么？""现在不告诉你，等回来你看我们的结果就知道了。"巴卜耶维奇故作神秘地走了。

至下午时分，巴卜耶维奇志得意满地回到医院，一看就是合同已经顺利签好了。巴卜耶夫更加好奇，问身边的人："他都说了些什么？对方公司满意度如何？"身边的人说："真是奇怪，耶维奇并没说太多，倒是不断在做一个手势，结果，巴西商人对巴卜耶维奇赞赏有加，还让翻译告诉他：'你是个非常有教养的人，是个很好的倾听者'，真不可思议。"

"手势？"巴卜耶夫更迷糊了，追问是怎么回事。身边人才接着说："交谈的时候，巴西商人一直话多，这您是知道的，但巴卜耶维奇则表现出听得很认真、很感兴趣的样子，同时还会给予适当的反馈。当对方说得开心时，他就伸出右手，然后握拳，将大拇指夹在食指、中指中间，用力晃动一下，巴西商人一看到这个手势，就高兴地合不拢嘴呢。"

"这是为什么呢？这不是侮辱人的意思吗？"巴卜耶夫一脸茫然，在自己国家，对人摆这个手势是要被揍的。一边的巴卜耶维奇却笑了，说："可是，国家与国家之间的文化是有差别的。这个手势虽然在我们这里是侮辱的意思，但在巴西却是赞美、交好运的意思。我在他介绍自己国家、家庭的时候总不断这样夸他、祝福他，他当然高兴了，自然要说我们有教养。"

当然，对于大部分人来说，在工作中遇到完全无法用语言沟通仅凭肢体语言进行回应的极端情况很少，不过这不代表肢体语言在交流过程中就不那么重要。善于沟通的"君子"不仅要会动口，还要学会"动手"，如此你内心的想法才能更好地被表达出来，进而加强沟通效果。

（1）手势。

在交谈过程中手与手臂的动作相当重要。在谈话中手舞足蹈是不可取的。可以使用一些说明性的手势，但手指总是指向对方并戳戳点点是非常不礼貌的。因此，如非特殊需要，在交际中应慎用或不多用手势协助讲话为宜。

（2）眼睛的表达。

眼睛是人心灵的窗户。一个人对事物的态度和心情通过眼神完全可以流露出来。当你与对方交流时，眼神所传达的信息尤为重要，例如，相互注视时间的长短，注视的位置，甚至眨眼的次数都可能影响对方。因此，在人际交往过程中，学会观察对方的眼神以便从对方真实的眼神中不断调整自己的交往方式是我们必须培养的技能。

（3）用肢体语言给自己的"第一印象"加分。

在与他人的交流中表现正面有利的形象不再被视为一种可有可无的表面工夫。事实上，每天面对其他团队成员时，都无法避免地需要适度包装自己的形象，使他们能被你的人格特质及专业所吸引。在交流中博取对方的信任及好感，第一印象是相当重要的。洛杉矶大学的教授亚伯特·米瑞比恩曾经研究过，第一印象的产生基本上受到以下三个因素影响：55%的视觉（外表及非语言的沟通）；38%的声调（语调的运用）；7%的语言（谈话内容）。

由此可见当你和别人第一次进行沟通前，对方大多是由你的外表、姿势、眼神及其他肢体语言，例如，动作、手势、脸部表情及态度等来判断你是什么样的人。因此你必须懂得如何善用肢体语言，创造良好的第一印象。例如，第一次和你的团队伙伴沟通的前几秒钟，应将重点放在你的外表感觉，而不是谈话内容或遣辞用句。

同时，要表现出自信，并让自己的口语表达及肢体语言一致。虽然研究显示，55%沟通有效性取决于肢体语言，但从小到大我们似乎一直被教导表达内容的重要性，而忽略如何呈现与推销自己。肢体语言又称做无声的语言，因为它一部分可以后天学习，一部分得靠直觉感应。语言和非语言的沟通并非背道而驰，事实上两者具有相辅相成的效果。但唯有在两者呈现出一致的讯息时才具有加成的优势，否则会被视为虚伪造作，反而弄巧成拙。例如，你说你很高兴有这个机会认识对方，但表情及肢体上却表现得相当冷漠疏离，那么对方会感觉到你缺乏诚意，反而留下不好的印象。

（4）掌握握手的技巧。

握手是工作上唯一涉及肢体接触的语言。在握手的短短几秒钟，对方就开始判断你是个什么样的人。握手的方式要让对方感受到你是一个自信、亲和力强的人。微笑地看着对方，并试着靠近些。不过要观察对方是否对如此近距离的接触感到不安。

记住，握手时一定要站着并以微笑的眼神注视着。握手的时间则视情况而定，但不要太快将手抽回，免得对方认为你不喜欢他。握久一点的话则表示你的热诚及愉悦。在握手时最好能先说出你的名字，这代表自信与自制。

第八章 掌握沟通技巧，在交流中"心有所属"

在握手时先伸出手，并坚定地握住对方的手掌。避免抓对方的手指，这会让人觉得你自卑、没有自信。男性需等待女性先伸出手，女性无论在何种场合都可以先伸出手寒暄。

当对方报出自己的名字时，你要重复一遍，这是一种礼貌，同时也可帮助你记住对方的名字。此外，在握手时要注意一下握手的力道，太用力让人觉得有压迫感，太轻又表现得很没安全感。表示热诚时，你可以使用两手握手，一手握住对方掌心而另一手握住对方掌背，但这种方式只适用于热诚的人。

最后，在握手时还要注意一些小细节。比如在可能需要握手的场合，你正喝冷饮，要注意用左手拿杯子，这样可以避免握手时对方握到的是一只冰冷的右手。将名牌挂在右边，这样握手时对方可以清楚看到你的名字。如果你的手很容易流汗，口袋里随时准备好面纸。握手前将手伸进口袋稍微擦拭或是握手之前先用热水冲洗手心。

（5）抬头挺胸的姿势表达出自信。

抬头挺胸的站姿让你看起来更年轻、充满活力，也较高大些。你的姿势让你的语言更具说服力，其他好处还包括改善血液循环，以及让自己的穿着看起来更加合身。当你要说话或与多个对象进行交流时，只要有机会就站起来，这意味着你希望别人注意听你说话，是一种非语言的指令。

站着与人进行交流的时候背脊要挺直。姿势放松并将眼神定在头部水平的位置。避免过于僵硬不自然，因为会让别人误认为你是个傲慢的人。将手臂自然地垂放在两旁，手不要放在口袋中。挺直的肩膀让人感觉有权威及自信，弯腰驼背则给人自卑畏惧的感觉，倾斜的肩膀使你看起来顺从没主见。双手尽量不要交叉于胸前，那给人一种你拒绝沟通的感觉。还要注意下半身的肢体动作，不要前后左右摇晃，将自己身体重心保持平衡；脚的位置大约是在与肩宽相当的位置。将膝盖稍微弯曲，使身体稍稍向前倾。将自己的身心状态调整一下，让对方感觉到你正要专注倾听。身体往后表示出你的被动及对对方的问题没兴趣。在沟通时自然地移动身体，不要太过僵直，不要受限于沟通的空间或其他摆设的物品。

  与语言相比，沟通过程中的肢体语言显然能够传达更加丰富的信息，表达方式也更为多样。因此如果你希望自己能够在与其他伙伴的沟通中表现得更好，那么就从现在起注重自己在沟通过程中的肢体语言，有意去训练、优化自己在说话时的种种动作、表情。倘若你能熟练地掌握沟通时的肢体语言，即便相较于他人，你的嘴"笨"一些，往往也能达到更好的沟通效果。